C.H.BECK WISSEN

Während der Zeit des Kaiserreichs verwandelte Deutschland sich in atemberaubendem Tempo. 1871 noch ein ländlich geprägtes Entwicklungsland, war es 1918 eine der modernsten Industrienationen der Welt geworden. Die wirtschaftliche Dynamik veränderte auch Gesellschaft und Politik nachhaltig. Anschaulich zeichnet Christoph Nonn nach, wie Adels- und Fürstenherrschaft in die Defensive gedrängt wurden. Das verhängnisvollste Erbe des Kaiserreichs für die weitere deutsche Geschichte bildeten schließlich weder obrigkeitsstaatliche Traditionen noch radikaler Nationalismus, Militarismus oder Antisemitismus, sondern eine Mentalität der Verantwortungslosigkeit.

Christoph Nonn ist Professor für Neueste Geschichte an der Universität Düsseldorf. Bei C.H.Beck liegen von ihm vor: Geschichte Nordrhein-Westfalens (2009) sowie Bismarck (2015).

Christoph Nonn

DAS DEUTSCHE KAISERREICH

Von der Gründung bis zum Untergang

Verlag C.H.Beck

Mit einer Karte © Peter Palm, Berlin

Originalausgabe

Gesamtherstellung: Druckerei C.H.Beck, Nördlingen
Umschlagentwurf: Uwe Göbel, München
Umschlagabbildung: Das Kaiserpaar in London, November 1907
© ullstein-bild
Printed in Germany
ISBN 978 3 406 70802 2

www.chbeck.de

Inhalt

Einleitung

1951 stellte das Allensbacher Institut für Demoskopie einem repräsentativen Querschnitt der westdeutschen Bevölkerung die Frage, wann es den Deutschen im 20. Jahrhundert am besten gegangen sei. Die meisten Befragten antworteten: vor 1914. Ein Jahr später fragte das Institut danach, welcher Deutsche am meisten für sein Land getan habe. Mit weitem Abstand wurde bei den Antworten Otto von Bismarck, der erste Kanzler des Deutschen Reiches, am häufigsten genannt.

Das Ergebnis der Umfrage war symptomatisch für das Bild des Kaiserreichs in der frühen Bundesrepublik. Das Ende des Zweiten Weltkriegs hatte das vorläufige Ende des deutschen Nationalstaats gebracht. Nach zwei verheerenden Kriegen, der krisenhaften Zwischenkriegszeit und den Hungerjahren nach 1945 erschienen das Kaiserreich und Bismarck als Inbegriff der «guten alten Zeit».

Doch von den beiden 1949 zunächst als Provisorien gebildeten Nachfolgestaaten des Deutschen Reiches gewann zumindest die Bundesrepublik schnell an Selbstbewusstsein. Und mit dem außerordentlichen Boom des «Wirtschaftswunders» nahm das Bedürfnis nach Orientierung an einer «guten alten Zeit» ab. Gegenüber der schönen bunten Welt der Werbung und des Konsums verblasste der Glanz des Kaiserreichs. Statt das Paradies in die Vergangenheit zu projizieren, fanden die Bundesbürger es zunehmend in der Gegenwart. Diese lief am Ende der 1950er Jahre dem Kaiserreich den Rang ab, als das Allensbacher Institut erneut danach fragte, wann es den Deutschen im 20. Jahrhundert am besten gegangen sei. Auch Bismarcks Stern sank: Weit häufiger als er wurde nun Konrad Adenauer als derjenige «große Deutsche» genannt, der am meisten für das Land geleistet habe.

In den 1960er Jahren setzte sich dieser Trend fort. Am Ende

dieses Jahrzehnts erreichten die durch demoskopische Untersuchungen ermittelten Popularitätswerte des ersten Reichskanzlers einen vorläufigen Tiefpunkt. Und nur noch fünf Prozent der Westdeutschen sahen die Zeit vor 1914 als diejenige an, in der es Deutschland am besten gegangen sei. Ebenso viele nannten die Zeit zwischen 1933 und 1939.

Das markierte kein Ende des öffentlichen Interesses an der Zeit des Kaiserreichs, wohl aber eine Umwertung. Die Jahre zwischen 1871 und 1918 erschienen jetzt vielfach als «schlechte alte Zeit». In weiten Kreisen der Öffentlichkeit und der Geschichtswissenschaft wurde das Kaiserreich als autoritärer Obrigkeitsstaat gesehen, unfähig zu jeglicher Reform, charakterisiert durch himmelschreiende soziale Ungleichheit, geprägt von Militarismus, Antisemitismus und radikalem Nationalismus. In ihm sei die Saat für eine andere, «dunkle Moderne» gelegt worden, die dann im Nationalsozialismus auf furchtbare Weise aufging.

Dieses negative Bild des Kaiserreichs als direkter Vorläufer des «Dritten Reiches» ist besonders während der 1960er und 1970er Jahre in zahllosen Büchern gezeichnet worden und wird das teilweise bis heute. Frühzeitig wurde allerdings auch Kritik an diesem Bild laut. So meinte der Historiker Thomas Nipperdey schon 1975, dass das Kaiserreich in vielen Kontinuitäten stehe. Es gehöre nicht nur zur Vorgeschichte der nationalsozialistischen Diktatur, sondern auch zur Vorgeschichte einer Entwicklung von Rechtsstaat und Demokratie in der Bundesrepublik. Seit der Wiedervereinigung, mit der 1990 der 1871 gegründete deutsche Nationalstaat neu entstanden ist, verstärkt sich die Neigung zur Konstruktion positiver Kontinuitäten. Das Bild des Kaiserreichs ist tendenziell noch einmal heller geworden.

All diese Kontinuitätskonstruktionen instrumentalisieren Geschichte immer auch für politische Zwecke. Sie sagen letztlich mehr über ihre eigene Zeit aus als über jene, die sie zu beschreiben vorgeben. Dass die Fragen nach dem, was gestern war, aus dem Heute erwachsen, ist allerdings ebenso unvermeidlich wie legitim. Beschäftigung mit Geschichte, die mehr ist als das antiquarische Anhäufen von «Fakten», gewinnt Interesse erst aus der Gegenwart. Ein Gemeinwesen muss sich immer wieder darüber verständigen, in welche Traditionen es sich stellen will und in welche nicht. Die pauschale Etikettierung einer vergangenen Epoche als entweder «gut» oder «schlecht» ist dafür jedoch wenig hilfreich.

Voraussetzungen für eine differenziertere Darstellung des Kaiserreichs sind aber durchaus gegeben. Über keine andere Epoche deutscher Geschichte ist mehr geforscht worden als über diese. Unterschiedliche Bewertungen gründeten dabei oft in verschiedenen Perspektiven und Methoden. Manche Historiker haben ihr Augenmerk mehr auf Strukturen gerichtet, andere mehr auf Ereignisse und Entwicklungen. Je nach methodischem Zugang ergab sich ein eher statisches oder eher dynamisches Bild des Kaiserreichs.

Wenn der Schwerpunkt von dem, was hier folgt, mehr auf den Abläufen liegt, dann hängt das mit der Überzeugung des Autors zusammen, dass der eigentliche Sinn von Geschichtsschreibung das Aufspüren von Ursachen und Wirkungen ist. Aus demselben Grund steht auch politische Geschichte – im weitesten Sinne – im Vordergrund der Darstellung. Denn auf diesen Bereich konzentriert sich mit guten Gründen die Diskussion um Kontinuität und Diskontinuität, um den Stellenwert des Kaiserreichs in der deutschen Geschichte.

Solche Diskussionen gehören zum beständigen Prozess von gesellschaftlicher Selbstvergewisserung und Selbstprüfung. In einer pluralistischen Gesellschaft können dabei durchaus auch verschiedene Geschichtsbilder nebeneinanderstehen. Es gibt mehr als nur ein mögliches Bild des deutschen Kaiserreichs. Das hier vorgelegte ist lediglich jenes, welches mir nach einigen Jahrzehnten der Beschäftigung mit den Quellen als das plausibelste erscheint.

I. Deutschland 1871 – und ein Blick voraus

Ein Entwicklungsland

Im Jahr seiner Gründung war das Deutsche Reich alles andere als ein moderner Industriestaat. Eher glich es einem Entwicklungsland in Schwarzafrika heute. Die Hälfte aller Beschäftigten in den Grenzen des Reiches arbeitete direkt in der Landwirtschaft. Darüber hinaus lebten viele Handwerker und andere Dienstleister von Aufträgen aus diesem wichtigsten Wirtschaftszweig. Das galt sogar für Teile der Industriebeschäftigten – wie jene, die Landmaschinen herstellten. Insgesamt dürften 1871 etwa zwei Drittel aller Deutschen direkt oder indirekt vom Agrarsektor abhängig gewesen sein.

Auch sonst lässt sich das neu gegründete Reich mit einem heutigen Entwicklungsland vergleichen. Zwei von drei seiner Bürger lebten in ländlichen Gemeinden mit weniger als 2000 Einwohnern. Nur jeder Zwanzigste wohnte in einer Großstadt. Die Lebenserwartung eines Neugeborenen in Deutschland lag 1871 bei weniger als 40 Jahren. Das war vor allem Folge einer erschreckend hohen Kindersterblichkeit, an der sich seit Jahrhunderten wenig geändert hatte. Ein Viertel aller Kinder erlebte schon die Feier ihres ersten Geburtstags nicht. Auch danach starben viele, noch bevor sie geschlechtsreif wurden.

Wer die Kindheit überlebte, hatte zwar gute Chancen, immerhin seinen sechzigsten oder siebzigsten Geburtstag zu erleben. Zu feiern gab es dann allerdings in der Regel nicht viel: Alter war mit einem beträchtlichen Armutsrisiko verbunden. Öffentliche oder private Vorsorge für Arbeitsunfähigkeit wegen Alter oder auch Invalidität gab es nur rudimentär. Nicht zuletzt um die Altersversorgung der Eltern sicherzustellen, wurden in deutschen Familien um 1871 viele Kinder geboren. Pro Frau waren es im statistischen Mittel zwischen vier und fünf.

Die wenigsten Eltern konnten beträchtliche Zeit für die Erziehung ihrer Kinder erübrigen. Das war nur in einer kleinen gesellschaftlichen Elite der Fall. Besonders im gehobenen Bürgertum galt Kindererziehung als vornehmste weibliche Aufgabe. Während Erziehungsratgeber sich lange an die «Hausväter» gewendet hatten, waren nun Frauen ihre Hauptadressaten. Allerdings war der Mann weiter der «Herr im Haus». Frauen verfügten in Ehe und Familie, wie überhaupt in der Gesellschaft, kaum über Rechte. In bürgerlichen Kreisen wurde von ihnen neben der Sorge um die Kinder hauptsächlich erwartet, das «traute Heim» als Rückzugsraum für den außer Haus arbeitenden Mann herzurichten und dekorativ zu sein. Schulen für sogenannte höhere Töchter bereiteten diese hauptsächlich auf die Rolle einer Hausfrau und Mutter vor.

Die meisten Frauen in Deutschland lebten 1871 nicht in einem solchen goldenen Käfig. Doch das Leben der Mehrheit war kaum weniger fremdbestimmt. In landwirtschaftlichen Betrieben, die in den meisten Regionen des Landes das Leben der Menschen noch dominierten, arbeiteten Frauen wie eh und je mit – wie meist auch die Kinder. Im Handwerk und in Ladengeschäften war es nicht anders. Neben der Versorgung des Nachwuchses blieb im Normalfall auch der Haushalt an den Frauen hängen. Bei Fabrikarbeitern gab es dieselbe Dreifachbelastung der Frauen, die wie ihre Männer erwerbstätig sein mussten, damit die Familie finanziell über die Runden kam. Eine Beschränkung der maximalen Arbeitszeit existierte 1871 noch nicht. Freizeit war für die Mehrheit der Frauen unter diesen Bedingungen ein Fremdwort.

Der Mehrheit der Männer erging es freilich nur wenig besser. In Fabriken wurde 1871 meist zwölf Stunden täglich gearbeitet, von Montag bis Samstag. Der Rest des Tages war mit Essen, Schlafen und dem Weg zur Arbeitsstätte gefüllt. Freie Zeit hatten Industriearbeiter allenfalls am Sonntag – aber selbst das nicht immer und überall. Ein generelles Verbot von Sonntagsarbeit gab es nicht. Im Handwerk und im Dienstleistungsbereich sah es ähnlich aus. Landwirte arbeiteten von Sonnenaufgang bis Sonnenuntergang. Allein kleine adlige und großbürgerliche Eliten verfügten über wirkliche freie Zeit. Sie allein konnten auch

Urlaub machen. Der Masse der Bevölkerung war solcher Luxus unbekannt. Für sie gab es keine Fluchten aus dem von Plackerei geprägten Alltag.

Selbst räumliche Mobilität war zunächst recht schwach ausgeprägt. Wenige der frischgebackenen Untertanen von Kaiser Wilhelm I. im neu gegründeten Deutschen Reich verlegten 1871 ihren Wohnort. Die meisten blieben dort, wo sie geboren worden waren. Die Arbeitsstelle wechselte man zwar relativ häufig. Vor allem zog die wachsende Industrie mehr und mehr Beschäftigte aus dem landwirtschaftlichen Sektor an. Dafür mussten diese aber oft nicht die Wohnung, ja noch nicht einmal den Arbeitsplatz wechseln: Denn ein beträchtlicher Teil der industriellen Produktion erfolgte in Heimarbeit auf Bauernhöfen oder in Hütten von Landarbeitern.

Wie die der Menschen war auch die Mobilität von Gütern gering. Die meisten Waren des täglichen Bedarfs wurden am selben Ort oder zumindest in derselben Region verbraucht, wo sie erzeugt worden waren. In den Landgemeinden, wo die große Mehrheit der Bevölkerung lebte, versorgten sich die meisten Menschen überwiegend mit Nahrungsmitteln aus eigener Produktion. Wer kein Selbstversorger war, deckte sich auf dem lokalen Markt ein. Lebensmittel machten den bei Weitem größten Posten im Familienbudget aus. Darüber hinausgehende Konsumansprüche waren gering und ließen sich ebenfalls überwiegend vor Ort befriedigen. Importe aus anderen Regionen und Ländern spielten für die Bevölkerung des ländlichen Deutschland, von wenigen Gütern abgesehen, keine große Rolle.

Die Großstädte waren dagegen bereits stärker in überregionale Marktbeziehungen eingebunden. Zwar bewirtschafteten die Bewohner Berlins, das dabei war, sich zur ersten deutschen Millionenstadt zu entwickeln, Schrebergärten und Hinterhöfe. Und in den Industriedörfern, die in rasantem Tempo das Ruhrgebiet überwucherten, bauten die vom Land zugezogenen Arbeiter unverdrossen Gemüse an. Doch wo sich immer mehr Menschen auf engstem Raum zusammenballten, war an Selbstversorgung bald nicht mehr zu denken. Auf die Dauer reichten auch die Pferdekarren nicht aus, mit denen Bauern des Umlands die Märkte der Metropolen morgens mit Getreide, Fleisch und anderen Lebensmitteln versorgten. Die Eisenbahn ermöglichte die Erweiterung des Einzugsgebiets. Sie ließ die Entfernungen schrumpfen, verkürzte die Transportzeiten und erschloss überregionale Märkte zur Versorgung der Städte.

1871 verfügten bereits alle größeren deutschen Städte über einen Eisenbahnanschluss. Bahnlinien verbanden das Deutsche Reich mit sämtlichen Nachbarstaaten. Parallel zu den meisten Eisenbahnlinien verliefen Telegrafenleitungen, die fast verzögerungslose Kommunikation ermöglichten. Die Städte waren in nationale und kontinentale Verkehrs-, Kommunikations- und Wirtschaftssysteme eingebunden. Allerdings lebte nach wie vor nur eine Minderheit der deutschen Bevölkerung in den Städten. Für die große Mehrheit, die auf dem Land wohnte, stand die Einbindung in überlokale und überregionale Lebenszusammenhänge noch weitgehend bevor. Im Süden, im Westen und in der Mitte Deutschlands war die nächste Bahnstation häufig mehr als 50 Kilometer entfernt; im Norden und Osten waren es zum Zeitpunkt der Reichsgründung sogar oft mehr als 100 Kilometer.

Verstädterung und Industrialisierung hatten 1871 bereits begonnen, Deutschland fundamental zu verändern. Aber wie die Städte prägte auch die Industrie erst einen kleinen Teil des Landes. Zwar hatte die deutsche Industrialisierung schon um die Mitte des 19. Jahrhunderts eingesetzt und seitdem beträchtliche Fortschritte gemacht. Dennoch waren zum Zeitpunkt der Reichsgründung die industriellen Gebiete noch Inseln in einer landwirtschaftlich geprägten Nation. Allein in Berlin, Sachsen, Thüringen, an der Ruhr und im nördlichen Rheinland gab es damals eine Bevölkerungsmehrheit in Industrie und Gewerbe. In allen anderen Regionen des Reiches überwog die Zahl der landwirtschaftlich Beschäftigten.

Entwicklungen: Industrialisierung, Migration, Globalisierung

Während der folgenden Jahrzehnte verwandelte sich Deutschland von Grund auf. Aus einem Agrarstaat mit inselhafter Industrie wurde bis zur Jahrhundertwende eine der weltweit führenden Industrienationen mit nur wenigen zurückgebliebenen, landwirtschaftlich geprägten Gegenden. In einer deutschen Region nach der anderen verschob sich das Schwergewicht der Beschäftigten vom Agrarsektor weg. Das Industriegebiet an Rhein und Ruhr dehnte sich nach Norden, Osten und Süden aus. In Schlesien entstand ein zweites Ruhrgebiet. Brandenburg und die preußische Provinz Sachsen industrialisierten sich ebenfalls. Im Südwesten des Reiches entwickelte sich ein neuer industriell geprägter Großraum, der Württemberg, Baden, Hessen, die Pfalz und Elsass-Lothringen umfasste. Hamburg und Bremen wurden von Handelsmetropolen zu Industriezentren, die sich über die Grenzen der Stadtstaaten in die angrenzenden preußischen Provinzen Hannover – das heutige Niedersachsen – und Schleswig-Holstein ausbreiteten. Bei der letzten Berufszählung vor dem Ersten Weltkrieg 1907 war nur noch an der Ostseeküste und in Teilen Bayerns eine Mehrheit der Beschäftigten in der Landwirtschaft tätig. Sonst arbeiteten überall im Deutschen Reich die meisten Menschen in der Industrie.

Im nationalen Durchschnitt hatte sich das Verhältnis der wichtigsten Wirtschaftssektoren umgekehrt. Die Landwirtschaft, die bei der Reichsgründung dominiert hatte, beschäftigte gut eine Generation später nur noch etwas mehr als jeden vierten Deutschen. Damit war ihre Bedeutung auf das Niveau herabgesunken, auf dem sich die jetzt dominante Industrie 1871 befunden hatte.

Nicht nur die Wirtschaftsstruktur, auch die Bevölkerung des deutschen Kaiserreichs geriet in Bewegung. Einige kehrten dem Reich ganz den Rücken: Von den späten 1860er bis in die frühen 1890er Jahre wanderten insgesamt gut zweieinhalb Millionen Menschen aus, meist in die USA. Danach ging die Zahl der Auswanderer deutlich zurück. Stattdessen wurde Deutschland nun zu einem Einwanderungsland. Hunderttausende Italiener, Niederländer, Polen und andere Osteuropäer überquerten bis zum Ersten Weltkrieg die deutschen Grenzen auf der Suche nach Arbeit. Die meisten davon blieben allerdings nur für kurze Zeit; lediglich ein kleiner Teil ließ sich auf Dauer nieder.

Die Zahlen der Aus- und Einwanderer wirken ohnehin vergleichsweise gering gegenüber denen der Wanderungsbewegungen innerhalb Deutschlands. Verlegte 1871 nur etwa einer von zwanzig Deutschen jährlich seinen Wohnort, war es nach 1880 schon jeder Fünfte. In den Jahrzehnten bis zum Ersten Weltkrieg fand in Deutschland eine gigantische Massenmigration statt. Weder vorher noch seitdem hat sich jemals etwas Vergleichbares ereignet. Fast 30 Millionen Menschen nahmen an dieser Bevölkerungsbewegung teil – ungefähr das Zehnfache der Zahl der Aus- und Einwanderer zusammengenommen.

Die Hauptrichtung dieser Binnenwanderung führte aus dem Agrarsektor in die Industrie, vom Land in die Städte. Viele der Binnenwanderer versprachen sich dort eine gesichertere Existenz, ein höheres Einkommen, ein besseres Leben. Das war jedoch nicht allein der Attraktivität urbanen Lebens geschuldet. Mindestens ebenso sehr war es die Folge vielfältiger krisenhafter Entwicklungen auf dem Land.

Dabei erscheint zumindest aus der volkswirtschaftlichen Vogelperspektive das, was im Agrarsektor geschah, nicht als Krise – im Gegenteil. Durch technische Innovationen vermochte die Landwirtschaft ihre Produktivität gewaltig zu steigern. Der für die Menschen zur Verfügung stehende Nahrungsspielraum vergrößerte sich. Zusammen mit hygienischen Verbesserungen führte das dazu, dass die Kindersterblichkeit im Kaiserreich rapide sank. Infolgedessen stieg die Bevölkerung zwischen 1871 und 1914 von 40 auf 65 Millionen Menschen.

Für Beschäftigte im Agrarsektor hatte diese Entwicklung aber auch wenig erfreuliche Folgen. Wo landwirtschaftliche Betriebe traditionell unter der nun zunehmenden Zahl männlicher Erben aufgeteilt wurden, wurden die Höfe immer kleiner und konnten eine Familie immer seltener ernähren. Wo nur der älteste Sohn den Hof erbte, gab es nun mehr jüngere Söhne ohne Auskommen. Und besonders in den von großen Gütern dominierten Gebieten östlich der Elbe, aber nicht nur dort, wurden Menschen in der Landwirtschaft immer häufiger durch Maschinen ersetzt. Statt Landarbeiter und Knechte auf dem Gut das ganze Jahr über zu beschäftigen, verlegten Gutsbesitzer und Großbauern sich darauf, diese durch Saisonarbeiter zu ersetzen, die sie lediglich während der Erntezeit bezahlten. Überall in Deutschland suchten so mehr und mehr ehemalige Landarbeiter, jüngere Bauernsöhne und Zwergbauern Einnahmequellen außerhalb des Agrarsektors.

Fündig wurden sie in der Industrie. Diese nahm den größten Teil des immensen Bevölkerungszuwachses während des Kaiserreichs auf. Gleichzeitig wurde sie immer mehr ein städtisches Phänomen. Denn die Heimarbeit, die 1871 vor allem im Textilgewerbe vielen Landbewohnern noch einen willkommenen Neben- oder Hauptverdienst geboten hatte, verlor zunehmend an Bedeutung. Stattdessen etablierten sich die in den Städten konzentrierten, große Massen von Menschen beschäftigenden Fabriken als wichtigste industrielle Arbeitsstätten.

Die Heimarbeit im Textilgewerbe hatte einen gleitenden Übergang zwischen Landwirtschaft und Industrie dargestellt. Mit dem Niedergang der Heimarbeit und dem Aufstieg des Fabrikwesens verschwand dieser. Agrarischer und industrieller Sektor waren nun deutlicher voneinander getrennt, die Unterschiede zwischen Stadt und Land wurden schärfer sichtbar. Das hatte verschiedene Ursachen. Eine davon war die Ablösung des Textilgewerbes als wichtigster Branche der frühen deutschen Industrialisierung durch andere Bereiche – Metallverarbeitung, Maschinenbau, Chemie, Elektrotechnik. Eine andere war die Rationalisierung und Mechanisierung der industriellen Produktion. Beides hing mit der zunehmenden Konkurrenz durch die wichtiger werdenden nationalen und internationalen Märkte zusammen. Und das wiederum war Folge jener tiefgreifenden Veränderungen, die als globale Transportrevolution des späten 19. Jahrhunderts bezeichnet worden sind.

Die Transportrevolution hat das Gesicht des Deutschen Reiches wohl noch tiefgreifender verändert, als es Industrialisierung und Bevölkerungswanderungen taten. War bis 1871 nur die Minderheit der städtischen Bevölkerung an das Bahnnetz angeschlossen, so drang die Eisenbahn nach der Reichsgründung aufs Land vor. Im letzten Drittel des 19. Jahrhunderts erhielt so auch das ländliche Deutschland Anschluss an überregionale Märkte. Gleichzeitig wurde durch den Einsatz von Dampfschiffen der interkontinentale Warenaustausch schneller, zuverlässiger und billiger. Der globale Handel mit Gütern, auch solchen des täglichen Bedarfs, explodierte geradezu.

Die Konsequenzen dieser Ausweitung der Märkte ins Nationale und Globale waren immens. Zum einen wurden die Beziehungen zwischen Stadt und Land dadurch intensiver. Die Erschließung des bisher isolierten agrarischen Hinterlands durch die Eisenbahn eröffnete ungeahnte Möglichkeiten des Handels. Der gleichzeitige Ausbau von Straßen und Kanälen erweiterte diese noch. Die Landwirte entlegener Agrarregionen konnten ihre Produkte nun in den schnell wachsenden Industriestädten auf die Märkte bringen. Diese Erweiterung der Absatzmärkte erhöhte die Chancen auf Profit. Das Gleiche galt für die Industrie, für die sich neue Absatzchancen auf dem Land erschlossen.

Zum anderen wuchs aber auch der Konkurrenzdruck. Das betraf nicht nur das Textilgewerbe, wo die Heimarbeit gegenüber den rationeller und billiger produzierenden Fabriken zunehmend ins Hintertreffen geriet. Das begannen nach der Reichsgründung auch die deutschen Landwirte zu spüren. Der Markt für Lebensmittel wurde durch die Transportrevolution Produzenten in anderen europäischen Ländern und in Übersee zugänglich. Dort breiteten die Anbaugebiete sich schnell aus. Günstige topographische Bedingungen und massiver Maschineneinsatz auf neu erschlossenen Böden ermöglichte Produktion zu geringen Kosten. In Kombination mit sinkenden Frachtraten erlaubte das vor allem Landwirten aus den USA und Kanada, aber auch aus Südamerika und Russland, die Preise ihrer mitteleuropäischen Kollegen weit zu unterbieten. Seit der Mitte der 1870er Jahre wurde der deutsche Markt mit billigem Getreide aus dem Ausland überschwemmt.

Für die Masse der Stadtbevölkerung begann die Sorge um das

tägliche Brot seinen elementaren Schrecken zu verlieren. Die Globalisierung des Marktes für Grundnahrungsmittel machte die Versorgung mit Lebensmitteln nicht nur sicherer: Periodische Hungersnöte, wie es sie selbst in Friedenszeiten durch Missernten bis weit ins 19. Jahrhundert immer wieder gegeben hatte, gehörten in Deutschland jetzt der Vergangenheit an. Wegen des Überangebots an Getreide begannen bald nach der Reichsgründung auch die Brotpreise zu sinken. Für mehr als zwei Jahrzehnte schienen sie vor allem eine Richtung zu kennen – nach unten. Zusammen mit der industriellen Entwicklung ermöglichte das in den Städten eine beispiellose Hebung des Lebensstandards.

Für die Masse der ländlichen Bevölkerung waren die sinkenden Preise ihres wichtigsten Produkts dagegen existenzbedrohend. Die Landwirte im Deutschen Reich verfügten nicht über ähnlich günstige Bedingungen wie amerikanische oder russische Bauern. Das von diesen erzeugte Getreide wurde auf den mitteleuropäischen Märkten zu Preisen angeboten, bei denen sie nicht mithalten konnten. Eine Spezialisierung auf Viehzucht statt Getreideanbau bot kaum einen Ausweg aus ihrem Dilemma. Denn verbesserte Kühl- und Gefriertechniken ermöglichten bald auch konkurrenzlos billige Fleischimporte aus Amerika.

Die Transportrevolution verschärfte damit unter dem Strich die Ausdifferenzierung von Industrie und Agrarsektor, die mit dem Niedergang der Heimarbeit begonnen hatte, noch weiter. Die Transformation lokaler und regionaler Marktstrukturen in nationale verband zwar Stadt und Land wie nie zuvor miteinander. Die Ausweitung in globale Marktzusammenhänge seit den 1870er Jahren führte jedoch im gerade gegründeten Deutschen Reich zu starken Interessengegensätzen zwischen beiden.

Stadt und Land

Zahlreiche Bruchlinien durchzogen die Gesellschaft des Kaiserreichs – und prägten sie. Der Gegensatz zwischen Stadt und Land war darunter derjenige, der die Nation am dauerhaftesten beschäftigte. Zum Politikum gemacht durch den Preisverfall für landwirtschaftliche Produkte infolge der globalen Transportrevolution, erregte er die Gemüter von den 1870er Jahren bis zur Revolution von 1918 in selten nachlassender Intensität.

Seine offensichtlichste Ausdrucksform fand der Stadt-Land-Gegensatz in den wirtschaftspolitischen Auseinandersetzungen um Zolltarife und Einfuhrbeschränkungen. Während der Handel mit Industrieprodukten vergleichsweise wenig Aufmerksamkeit fand, gingen die Wogen in den Debatten um den Import von Getreide, später auch von Fleisch hoch. Aus dem Agrarsektor wurde kategorisch die Erhöhung von Zöllen und Einfuhrsperren gefordert. Bauernvereine und andere landwirtschaftliche Interessenvertretungen, die sich zum Sprachrohr dieser Forderungen machten, schossen wie Pilze aus dem Boden und verzeichneten großen Zulauf. In den Städten war dagegen der Ruf nach Freihandel die Parole. Lebensmittel sollten nicht durch Zölle verteuert werden. Vor allem Sozialdemokraten und Linksliberale machten sich zu Anwälten der städtischen Verbraucherinteressen.

Das Tauziehen um Zölle auf landwirtschaftliche Produkte wurde mit größter Erbitterung geführt. Auf beiden Seiten waren elementare Interessen berührt. Im Haushaltsbudget der meisten Stadtbewohner waren Kosten für Nahrungsmittel der größte Posten. Selbst nach 1900, als ein Vierteljahrhundert sinkender Preise und steigender Löhne den allgemeinen Lebensstandard beträchtlich erhöht hatten, gaben Arbeiter, Angestellte und kleine Beamte immer noch mehr als die Hälfte ihres Einkommens dafür aus. Die Verteuerung von Brot und Fleisch durch Zölle und Einfuhrbeschränkungen war unter diesen Umständen keine Lappalie. Aber auch die «Agrarier» klagten keineswegs, «ohne zu leiden», wie es in der Polemik der Zollgegner hieß. Ob ostelbischer Gutsbesitzer oder süddeutscher Kleinbauer – für alle Landwirte stellte die billige Konkurrenz aus dem Ausland eine ernsthafte Gefahr für ihre wirtschaftliche Existenz dar. Auch abhängig Beschäftigte, Handwerker und andere Dienstleister auf dem Land hatten ein Interesse am Wohlergehen ihrer Arbeit- oder Auftraggeber im Agrarsektor.

Neben solchen handfesten Interessen wurde der Stadt-Land-

Gegensatz durch kulturelle Konstruktionen geprägt. Konservative sahen Städte als Brutstätten von Unmoral und Kriminalität. Liberale zeichneten dagegen Bilder des platten Landes als Hort von Bigotterie und Aberglauben. In der Publizistik und in der Literatur wurden so die Gräben zwischen dem ländlichen und dem städtischen Deutschland vertieft. Beispiele dafür sind etwa die Auseinandersetzungen um Heiligenerscheinungen in den 1870er Jahren, wie David Blackbourn sie beschrieben hat, oder die Debatten um «Schmutz und Schund» in den Medien vor dem Ersten Weltkrieg.

Wissenschaftler und Öffentlichkeit stritten um die Wende vom 19. zum 20. Jahrhundert sogar ernsthaft darüber, ob Industrialisierung und Verstädterung überhaupt eine Zukunft hätten. Während die Befürworter eines «Industriestaats» die Frage klar bejahten, stellten deren Gegner die dauerhafte Lebensfähigkeit einer Industriegesellschaft grundsätzlich in Frage. Das von liberalen Ökonomen als Vorbild dargestellte verstädterte und industrialisierte Großbritannien illustrierte aus dieser konservativen Sicht eine fatale Sackgasse wirtschaftlicher Entwicklung. Schon weil das Inselkönigreich sich nicht selbst ernähren konnte, sondern Nahrungsmittel in immer größerem Umfang einführte, werde es sich früher oder später zur Agrargesellschaft zurückentwickeln müssen: Denn wenn alle anderen Länder seinem Beispiel folgten, seien Unterversorgung und Hungersnöte unausweichlich.

Dass Deutschland dem britischen Beispiel nicht nacheifern sollte, wurde von agrarisch-konservativer Seite auch mit «nationalen» Argumenten begründet. Große öffentliche Aufmerksamkeit fand in diesem Zusammenhang der Befund, dass Wehrpflichtige aus Industriestädten öfter ausgemustert wurden als Rekruten vom Land. Weil das nach offiziellen Angaben aus Gesundheitsgründen geschah, folgerten Konservative daraus, Stadtluft mache offenbar krank. Weitere Industrialisierung und Verstädterung müssten deshalb im nationalen Interesse verhindert, dem Schrumpfen des Agrarsektors durch Zollschutz für landwirtschaftliche Produkte Einhalt geboten werden. Für Linksliberale und Sozialdemokraten war der schlechte Gesundheitszustand städtischer Rekruten hingegen Folge von Mangelernährung infolge hoher Zollschranken. Billigere Nahrungsmittel durch Freihandel seien daher die Voraussetzung für ein gesünderes und «wehrhaftes» Volk.

Nicht zufällig ergriffen Konservative in diesen Debatten das Panier der Landwirtschaft, SPD und linke Liberale das der Städte. Denn kulturell aufgeladene Debatten wie die um «Volksgesundheit» und Agrar- oder Industriestaat berührten letzten Endes auch immer die Frage nach gesellschaftlicher Machtverteilung im deutschen Kaiserreich. Dass die Industrialisierung den städtisch-industriellen Kreisen zunehmend mehr Gewicht zuschob, machte diese Frage nur noch akuter. Obwohl das Reich sich zu einem Industriestaat entwickelte, wurde es bis zu seinem Ende von vorindustriellen konservativen Eliten regiert. Im Agrarsektor verwurzelte konservative Aristokraten dominierten in Regierung, Verwaltung und Armee. Der deutsche Kaiser war der größte Grundbesitzer Preußens und des Reiches.

Unter diesen Umständen war es kein Wunder, dass die oppositionellen Gruppen den Stadt-Land-Gegensatz gegen das konservative Regiment instrumentalisierten. Die politische Linke versuchte die Mobilisierung der wachsenden städtischen Bevölkerung zu nutzen, um die Macht der Konservativen zu untergraben. Mit der Agitation gegen Schutzzölle unterfütterte sie dabei auch im engeren Sinn politische Kampagnen. Das galt etwa für die Reform des Wahlrechts zu dem von konservativen Agrariern dominierten preußischen Landtag oder für eine Änderung der seit 1871 bestehenden und aufgrund zunehmender Verstädterung immer stärker die ländliche Bevölkerung privilegierenden Wahlkreiseinteilung. Gerade deshalb gelang es den Konservativen jedoch, auf dem Land eine Massenbasis in ihrem Abwehrkampf gegen politische Systemveränderungen zu finden. Die Verbindung der wirtschaftlichen und politischen Aspekte des Stadt-Land-Gegensatzes trug dazu bei, dass konservative Kräfte ebenso verbissen den Status quo verteidigten, wie die linke Opposition diesen angriff.

Klassen

Schwieriger als die Bedeutung des Gegensatzes zwischen Stadt und Land ist die des Klassengegensatzes einzuschätzen. Das liegt nicht zuletzt an der Unklarheit, die bei der Verwendung des Begriffs oft besteht. Versteht man unter Klassengegensatz einen Antagonismus zwischen Arbeitnehmern und Arbeitgebern, dann war das Kaiserreich davon zumindest in politischer und wirtschaftlicher Hinsicht weniger geprägt. Zwar wurde die langfristig erfolgreichste Partei der Zeit, die Sozialdemokratie, erklärtermaßen als Partei klassenbewusster Arbeiter gegründet. Sie verstand sich allerdings von vornherein auch als eine für alle Bevölkerungsgruppen offene Volkspartei. Selbständige Kleinhandwerker, Gastwirte und Ladenbesitzer spielten unter ihren Mitgliedern zunächst eine wichtige Rolle. Der explizite Bezug auf die Arbeiter im Parteinamen wurde 1890 fallen gelassen. Ihre Wahlerfolge verdankte die SPD zunehmend Kampagnen gegen Zölle. Die sozialdemokratischen Wähler waren denn auch fast ausnahmslos in den wachsenden Massen der städtischen Verbraucher zu finden.

Die mit klassenkämpferischen Parolen betriebene Werbung der SPD um die Landarbeiter blieb dagegen auf Dauer erfolglos. Zwar hätte die Ablösung traditionell patriarchalischer Strukturen zugunsten kapitalistischer Lohnarbeitsverhältnisse, wie sie auf den Gutshöfen des östlichen Preußen während des Kaiserreichs stattfand, die Landarbeiter für solche Kampagnen empfänglich machen können. Doch nicht allein hing das Wohlergehen der ländlichen Unterschichten vom Gedeihen der Betriebe ab, in denen sie beschäftigt waren. Landarbeiter besserten ihr karges Einkommen oft auch durch Schweinezucht oder die Erträge einer kleinen Parzelle auf. Deshalb hatten sie Interesse am Zollschutz für Agrarprodukte und wenige Sympathien für die SPD, die in der politischen Praxis mehr und mehr das Profil einer städtischen Verbraucherpartei annahm. Stattdessen orientierten sich die Arbeitnehmer in der Landwirtschaft wie ihre Arbeitgeber auf konservative Parteien.

Im anfänglich kleineren, aber zunehmend an Gewicht gewinnenden industriellen Sektor spielte der Klassengegensatz wenigstens auf den ersten Blick eine wichtigere Rolle. Die mit der Sozialdemokratie verbundenen wirtschaftlichen Interessenvertretungen der Arbeiter, die Freien Gewerkschaften, entwickelten sich während des Kaiserreichs zusammengenommen zur mitgliederstärksten Organisation Deutschlands. Allerdings wollte die Mehrheit der Gewerkschafter Abkommen mit den Arbeitgebern, keinen Klassenkampf. Zudem gelang es den Freien Gewerkschaften nicht, alle Arbeitnehmergruppen für sich zu gewinnen. So blieb unter anderem die große Mehrheit der Angestellten, obwohl ebenfalls abhängig beschäftigt, ihnen fern. Denn die Angestellten rechneten sich subjektiv ganz überwiegend dem Bürgertum, nicht der Arbeiterschaft zu.

Versteht man Klasse allerdings nicht als vom wirtschaftlichen Status determiniert, sondern vielmehr als kulturelle Konstruktion, dann war das Kaiserreich sehr wohl von Klassengegensätzen geprägt. Der gefühlte Gegensatz zwischen Arbeitern und Bürgern war zumindest in den Städten gewaltig. Besonders das Bürgertum ist als Klasse überhaupt nur kulturell definierbar. Die objektiven Statusdifferenzen zwischen Industriellen, beamteten und freiberuflich tätigen Bildungsbürgern, dem «alten Mittelstand» aus Handwerkern und kleinen Ladenbesitzern und dem «neuen Mittelstand» der abhängig beschäftigten Angestellten waren beträchtlich. Was diese disparaten Gruppen vereinte, waren der ihnen gemeinsame Habitus, ein geteilter «bürgerlicher Wertehimmel» und soziale Netzwerke. Frauen, die aus politik- oder wirtschaftshistorischer Perspektive auf das Kaiserreich selten in den Blick geraten, spielten dabei eine in letzter Zeit stärker beachtete, wichtige Rolle.

Erst aus kulturhistorischer Sicht wird zudem auch der Gegensatz zwischen Bürgern und Adel sichtbarer. Frühere Annahmen einer «Sammlung» oder eines gemeinsamen «Lagers» bürgerlicher und adliger Interessengruppen erscheinen mittlerweile genauso überholt wie die These einer «Feudalisierung» des Bürgertums. Habitus, Werte und soziale Netzwerke trennten das Bürgertum im Kaiserreich ebenso sehr vom Adel wie von der Arbeiterschaft.

Das schloss zeitweilige politische Bündnisse nicht aus. Diese konnten auf lokaler und regionaler Ebene auch von längerer Dauer sein. Solche Bündnisse gab es aber ebenso zwischen Bürgern und Arbeitern wie zwischen Bürgern und Adligen. In den Westprovinzen Preußens waren städtisches Bürgertum und Adel oft ein Herz und eine Seele, im östlichen Preußen dagegen waren sie sich häufig spinnefeind. In der Kommunalpolitik standen Bürger und Arbeiter sich während des gesamten Kaiserreichs meist als Antagonisten gegenüber. Bei den Reichstagswahlen stimmten Angestellte und kleine Beamte jedoch zunehmend für sozialdemokratische Kandidaten: Denn obwohl sie sich selbst als Bürger verstanden, vertrat die SPD ihre städtischen Verbraucherinteressen am energischsten. Währenddessen kooperierten die linksliberalen bürgerlichen Parteien bei Stichwahlen in zunehmendem Maß mit der Sozialdemokratie.

Kulturell definierte Klassenidentitäten wurden außerdem durch andere Identitäten überlappt. Nicht zuletzt dadurch ergaben sich immer wieder Allianzen über Klassengrenzen hinaus. Wie im Bürgertum Selbständige und abhängig Beschäftigte, Bildungs- und Besitzbürger, Groß- und Kleinbürgertum auch Interessen jenseits des gemeinsamen Wertehimmels verfolgten, sahen hoher und niederer Adel die Welt nicht immer mit gleichen Augen. Selbst die Angehörigen der Industriearbeiterschaft, die von allen Klassen des Kaiserreichs am geschlossensten wirkte, besaßen multiple Identitäten. Regionale und ethnische Herkunft oder die Zugehörigkeit zu einer Generation konnten für Arbeiter im Kaiserreich je nach Situation subjektiv von größerer Bedeutung sein als ihre Klassenlage. Arbeiterinnen sahen ihre Gegner nicht unbedingt im Bürgertum, mit deren weiblichen Angehörigen sie manchmal mehr verband als mit den männlichen Kollegen in der Fabrik. Religion schließlich bildete nicht allein eine kulturelle Mauer in den Köpfen, sondern spaltete auch wirtschaftliche und politische Organisationen im deutschen Kaiserreich quer zu allen Klassenlinien.

Religion

Kaum ein gesellschaftlicher Graben war während der Zeit des Kaiserreichs tiefer als der konfessionelle. Protestantische und katholische Deutsche trennten Welten. Katholiken machten etwas mehr als ein Drittel der Bevölkerung aus. Protestanten stellten mit knapp zwei Dritteln die Mehrheit. Die jüdischen Deutschen, 1871 nur ein gutes Prozent aller Einwohner des Reiches, lebten ebenfalls teilweise in einer Welt für sich. Anders als die meisten Angehörigen der christlichen Konfessionen suchten die Juden jedoch eher Kontakt mit Andersgläubigen. Vielfach waren sie in Vereinen und Parteien vor allem der protestantischen Mehrheitsbevölkerung vertreten – auch wenn die damit erreichte Integration immer unsicher blieb. Angehörige der kleinen jüdischen Minderheit gingen zunehmend auch Ehen mit Christen ein. Unter Protestanten und Katholiken dagegen war der Anteil derer, die in solchen «Mischehen» mit Angehörigen der anderen Konfession lebten, außerordentlich gering. Daran änderte sich auch nach Einführung der Zivilehe 1875, die solche interkonfessionellen Ehen erleichterte, kaum etwas.

Religion hatte in weiten Kreisen beider christlicher Konfessionen bereits um die Mitte des 19. Jahrhunderts einen neuen Aufschwung erlebt. Vor allem Frauen wurden in Deutschland wie in vielen anderen Ländern Europas Träger einer Gegenbewegung zu den gesellschaftlichen Säkularisierungstendenzen, die mit der Aufklärung eingesetzt hatten. Während der 1870er Jahre verstärkte sich dieser Trend noch einmal. Hätte es zur Zeit der Reichsgründung schon Bestsellerlisten gegeben, wären sie von Veröffentlichungen mit religiösem Inhalt angeführt worden: Keine Art von Büchern wurde damals so häufig gedruckt wie religiöse Erbauungsliteratur. Wallfahrten, Kirchentage, Berichte über Heiligenerscheinungen fanden größte öffentliche Aufmerksamkeit. Wie die sich verschärfenden Konflikte zwischen Staat und Kirche wurden sie von Angehörigen beider christlicher Konfessionen jetzt nach Kräften genutzt, um die eigenen religiösen Überzeugungen hervorzuheben – und die der anderen Seite in Frage zu stellen.

Historiker haben deshalb sogar diskutiert, ob das späte 19. und frühe 20. Jahrhundert wie die Zeit der auf die Reformation folgenden Glaubenskriege als «konfessionelles Zeitalter» bezeichnet werden kann. Jedenfalls hinterließ die konfessionelle Spaltung tiefe Spuren in Gesellschaft, Alltagsleben und Politik des deutschen Kaiserreichs. Katholiken und Protestanten organisierten sich getrennt – ob in Gewerkschaften, Bauern- oder Gesangsvereinen. Hier und da riefen sie sogar dazu auf, nur bei Metzgern oder Bäckern der eigenen Konfession einzukaufen. Nach dem Ende des «Kulturkampfs» der 1870er und 1880er Jahre mobilisierten der Evangelische Bund und der Volksverein für das katholische Deutschland jeweils mehr als eine halbe Million Mitglieder, um den konfessionellen Gegensatz in der Politik wachzuhalten.

Nichts zeigte die Bedeutung des konfessionellen Gegensatzes aber deutlicher als die Gründung und der Erfolg einer speziellen katholischen Partei. Die Zentrumspartei wurde 1870 ausdrücklich mit dem Ziel gegründet, Rechte und Einfluss der katholischen Kirche in dem entstehenden deutschen Nationalstaat zu bewahren. Schon bei den ersten Reichstagswahlen vermochte die Partei aus dem Stand heraus mehr als die Hälfte der Katholiken unter den Wahlberechtigten zu gewinnen. Bis zum Ende der 1870er Jahre stieg dieser Anteil auf mehr als vier Fünftel. Danach ging er langsam wieder zurück. Die Zentrumspartei konnte aber bis zum Ende des Kaiserreichs stets eine Mehrheit der Stimmen katholischer Wähler auf sich vereinigen. Immer wieder erlebte sie dabei Zerreißproben. In der Zentrumspartei stritten katholische Adlige mit katholischen Bürgern und Bürger mit Arbeitern, Bauern mit Städtern, süddeutsche Katholiken mit solchen aus Preußen. Doch sosehr die Partei auch im Lauf der Zeit an den Rändern ausfranste, auseinander brach sie bis 1918 nicht.

Nationalismus und Partikularismus

Der Hinweis auf die regionalen Differenzen in der Zentrumspartei illustriert schließlich noch eine weitere wichtige Bruchlinie in der Gesellschaft des deutschen Kaiserreichs. Gemeint ist das Spannungsverhältnis zwischen denjenigen, die zunächst auf Einigung und dann auf Zentralisierung des Nationalstaats drängten, und den starken partikularen Strömungen, die sich dem widersetzten. Schon dass dieses Reich anfangs mehr als Staatenbund denn als Bundesstaat gegründet wurde, war ein Zugeständnis an die partikularen Gegenkräfte und verdeutlicht deren Einfluss.

Besonders in Bayern und Württemberg hatte es vor 1871 starke Vorbehalte gegen die Gründung eines deutschen Nationalstaats mit eigener Beteiligung gegeben. Diese Vorbehalte waren nicht allein in den Regierungen der beiden süddeutschen Königreiche, sondern gerade unter deren Bevölkerung weit verbreitet. Wie auch andere kleinere Mitgliedsstaaten des 1815 gebildeten Deutschen Bundes hatten Bayern und Württemberger in dessen Rahmen vor 1871 Vorstellungen von einer eigenen Landesidentität entwickelt. Diese Konstruktionen kollektiver Identität waren fokussiert auf die regierende Fürstendynastie, auf staatliche Institutionen, Geschichte und kulturelle Eigenarten. In Österreich, das nach 1866 aus dem deutschen Einigungsprozess ausgeschlossen wurde, bildeten solche Identitätskonstruktionen die Vorstufe eines eigenen Nationalbewusstseins. Bayern und Württembergern schnitt der Anschluss an das Deutsche Reich 1871 diese Möglichkeit ab.

Die bereits entwickelte Landesidentität freilich blieb. Sie wurde zur Grundlage eines widerborstigen Partikularismus. Die Reichsverfassung von 1871 garantierte Württemberg und Bayern den Fortbestand eigener Post- und Telegraphenämter sowie selbständiger Militärkommandos. Alle Mitgliedsstaaten des Reiches behielten ihre Justiz- und Polizeiverwaltungen. Diese wie auch die Eisenbahnen blieben nach 1871 im Wesentlichen Sache der Einzelstaaten. Im Bundesrat, dem nach der Verfassung wichtigsten Reichsorgan, verteidigten ihre Vertreter selbstbewusst das föderale Prinzip. Preußen stellte zwar knapp zwei Drittel der Fläche und Bevölkerung des Deutschen Reiches. Beschlüsse des Bundesrats konnte es mit seinem Veto blockieren. Aber das konnten drei oder vier der größeren Mittelstaaten gemeinsam auch. Partikularistische Strömungen waren in diesen stark. Parteien wie das bayerische Zentrum oder die besonders in Württemberg vertretene Deutsche Volkspartei, die antipreußische Ressentiments kultivierten, profitierten davon zunächst beträchtlich.

Doch nicht einmal in Preußen fand die Gründung des Deutschen Reiches ungeteilte Zustimmung. Die meisten Konservativen sahen darin anfänglich eine Aufgabe preußischer Eigenart. Und während die Reichsgründung sogar in den Kernprovinzen des größten Einzelstaates kritisch betrachtet wurde, geschah das in dessen neu erworbenen Gebieten erst recht. Als Preußen sich 1866 Hannover einverleibte und das dort regierende Königshaus der Welfen absetzte und enteignete, rief das in der nun preußischen Provinz eine breite Protestbewegung hervor. Eine einflussreiche Partei wurde gegründet, die eine Wiederherstellung des welfischen Königreichs Hannover forderte. Auch die Eingliederung der polnischsprachigen Provinzen Preußens, die nicht zum Deutschen Bund gehört hatten, in das Deutsche Reich und dessen Annexion von Elsass-Lothringen 1871 provozierten die Bildung separatistischer Parteien an den Rändern des neuen Staates. Dort erfreuten sie sich großer Unterstützung in der Bevölkerung.

Der deutsche Nationalstaat entstand gegen beachtliche Widerstände. Diese verschwanden nach der Reichsgründung keineswegs, sondern verstärkten sich zunächst sogar noch. Sie prägten das neue Reich ebenso wie der Graben zwischen den Konfessionen, die Klassengegensätze und der Gegensatz von Stadt und Land. Jede einzelne dieser Bruchlinien stellte für sich bereits eine Belastung dar. Zusammen bildeten sie eine gewaltige Hypothek für das Kaiserreich. Die langfristige Festigung und das Fortbestehen des deutschen Nationalstaats waren keineswegs zwangsläufige Entwicklungen – ebenso wenig wie es dessen Entstehung in der Form des Reiches von 1871 gewesen war.

2. Reichsgründung und liberale Ära (bis 1879)

Der Weg zum Nationalstaat

Warum kam es überhaupt zur Gründung des deutschen Kaiserreichs? Dem nationalen Mythos zufolge, der sich seit 1871 entwickelte, war das vor allem das Werk eines einzelnen Mannes, nämlich Otto von Bismarcks. An der Mythenbildung um Bismarck den «Reichsgründer» waren gerade Historiker in vorderster Linie beteiligt. Selbst eine spätere Neubewertung der Person des ersten Reichskanzlers, die ihn in Teilen der Geschichtsschreibung vom strahlenden Nationalhelden zum finsteren «Dämon der Deutschen» werden ließ, änderte daran lange wenig.

Gegenüber solchen personalisierenden Erklärungen ist Skepsis angebracht. Gegen sie spricht allein schon, dass die deutsche Reichsgründung kein isoliertes Ereignis, sondern Teil einer Welle von Staatsbildungen in Europa war. Während des 19. Jahrhunderts entstand ein knappes Dutzend neuer Nationalstaaten auf dem Kontinent, die meisten davon während der 1860er und 1870er Jahre. Diese Neugründungen waren weniger das Werk einzelner Politiker, auch wenn diese nahezu überall zu nationalen Helden und Genies verklärt wurden. Vielmehr handelte es sich um komplexe Prozesse, an denen sehr viele Menschen beteiligt waren.

Wichtigste Antriebsfeder war die Ideologie des Nationalismus. Im 19. Jahrhundert gewann die Vorstellung an Bedeutung, dass gemeinsame Sprache und gemeinsame Geschichte aus Millionen von Menschen eine Gemeinschaft machten – auch wenn die meisten dieser Menschen sich persönlich nicht kannten und nie kennenlernen sollten. Als «erdachte Gemeinschaft» füllte die Nation eine Lücke aus, die durch Auflösung oder Bedeutungsverlust von anderen Gemeinschaften entstanden war.

Institutionen wie Handwerks- und Handelszünfte, Gutshöfe,

Kirchengemeinden und Dorfgemeinschaften hatten über ein Jahrtausend lang die relativ stabile Grundlage der alteuropäischen Gesellschaft gebildet. Doch mit dem Einsetzen rapider Prozesse wirtschaftlichen und politischen Wandels waren diese Institutionen seit dem späten 18. Jahrhundert massiv geschwächt oder beseitigt worden. Die Rationalisierung im Agrarsektor, der Grundlage der alteuropäischen Gesellschaft gewesen war, hatte Arbeitskräfte freigesetzt, die aus den Dörfern abwanderten, und so gewachsene Dorfstrukturen aus dem Gleichgewicht gebracht. Die Auflösung der ständischen Ordnung und die Bauernbefreiung demontierten die Gutshöfe als rechtliche und soziale Verbände. Die Gewerbefreiheit beseitigte die traditionellen Zünfte, und parallel zur fortschreitenden Säkularisierung verloren auch die Kirchengemeinden schrittweise an Bedeutung.

In dieser Zeit der Veränderungen bot die nationale Idee neue Orientierung. In einer Welt, in der alte Ordnungen zerbrachen, versprach die Nation neuen Halt. Der Nationalismus vermittelte ein neues, starkes Wir-Gefühl, als die alten Gruppenidentitäten brüchig wurden. Er entwickelte deshalb eine Dynamik, der sich schließlich kaum jemand in Europa entziehen konnte. Das Resultat war eine Vielzahl von Aktionen und Interaktionen auf dem gesamten Kontinent, die den nationalen Gedanken zum Allgemeingut machten.

Als Initialzündung dieses Prozesses kann man die Französische Revolution von 1789 sehen. Das revolutionäre Frankreich war mit seinen Prinzipien der Volkssouveränität, staatsbürgerlichen Gleichheit und Brüderlichkeit das erste Land Europas, das sich als Nationalstaat verstand. Dieses Konzept exportierte es im Verlauf der Revolutionskriege ab 1791 über die eigenen Grenzen hinaus. In Deutschland war wie anderswo in Europa der Aufschwung eines eigenen Nationalbewusstseins ebenso Imitation des französischen Vorbilds wie Reaktion auf die französische Expansion. Seinen ersten Höhepunkt erlebte der deutsche Nationalismus während der «Befreiungskriege» gegen Frankreich unter Napoleon.

Nach dem Ende der französischen Vorherrschaft setzten

manche deutschen Patrioten ihre Hoffnungen in den 1815 gegründeten Deutschen Bund. Bei der Neuordnung Europas auf dem Wiener Kongress aus der Taufe gehoben, diente dieser aber vor allem strategischen Zwecken. Als defensives Militärbündnis sollte er zur Eindämmung Frankreichs beitragen und die Mitte des Kontinents befrieden. Als Fürstenbund schützte er außerdem die Herrscher der kleineren Mitgliedsstaaten vor den Großmächten.

Zwei der europäischen Großmächte waren dauerhaft Mitglied im Deutschen Bund: Preußen und Österreich. Die Mehrheit der Bevölkerung Preußens sprach Deutsch. Das von den Habsburgern regierte Kaisertum Österreich war dagegen ein Vielvölkerstaat. Der größere Teil seines Staatsgebietes gehörte nicht zum Deutschen Bund, und selbst in dem dazugehörenden Teil lebten zahlreiche Tschechen, Slowenen und Italiener. Die deutsche Nationalbewegung setzte deshalb mehr und mehr auf Preußen, um ihrem Ziel eines Nationalstaats näher zu kommen. Während der Revolution von 1848/49 trug die Mehrheit der Nationalversammlung dem preußischen König die deutsche Kaiserkrone an. Doch der lehnte sie ab, und die Revolution wurde niedergeschlagen.

In den 1850er Jahren organisierte sich die Nationalbewegung erneut. Teile von ihr hofften nun zunächst, ihrem Ziel durch eine Weiterentwicklung des Deutschen Bundes näher zu kommen. Angesichts des Desinteresses der Fürsten in den kleineren Mitgliedsstaaten erwies sich diese Strategie jedoch als wenig erfolgversprechend. Daher orientierte die Nationalbewegung sich wieder zunehmend auf Preußen. Der seit 1862 dort als Ministerpräsident amtierende Otto von Bismarck war grundsätzlich für eine Zusammenarbeit offen. Von allen deutschen Regierungen stimmten die Ziele der preußischen am stärksten mit denen der nationalistischen Gruppen überein. Allerdings verfolgten Preußens König Wilhelm und sein Ministerpräsident in erster Linie monarchische und adlige Interessen. Darüber war es zwischen Krone und der im preußischen Landtag dominierenden liberalen Nationalbewegung bereits Ende der 1850er Jahre zu einem langandauernden Verfassungskonflikt gekommen.

Es waren denn auch keine deutschen Akteure, welche den Anstoß für eine Entwicklung gaben, die schließlich auf verschlungenen Wegen zur Gründung des Deutschen Reiches führte. Der Anstoß kam vielmehr von außen, von der dänischen Nationalbewegung. Diese betrieb seit Längerem eine Verschmelzung der Herzogtümer Schleswig und Holstein mit Dänemark. Das widersprach nicht nur internationalen Verträgen, es provozierte auch Widerstand im Deutschen Bund. Ein dänischer Vorstoß zum Anschluss Schleswigs führte 1864 schließlich zu einem Krieg mit Österreich und Preußen.

Die beiden Großmächte gewannen den Feldzug gegen das ohne Verbündete bleibende kleine Dänemark, das im Friedensvertrag Schleswig und Holstein an die Sieger abtreten musste. Über diese Siegesbeute entbrannte bald Streit zwischen Österreich und Preußen. Beide Mächte waren seit Langem Rivalen um die führende Rolle im Deutschen Bund. 1866 kam es zum Krieg zwischen ihnen, der nach dem preußischen Sieg in der Schlacht von Königgrätz beendet wurde. Preußen annektierte die meisten der österreichischen Verbündeten in Norddeutschland. Anstelle des aufgelösten Deutschen Bundes entstand nördlich des Mains ein Norddeutscher Bund unter preußischer Vorherrschaft.

Der größere Teil der liberalen Nationalbewegung beendete daraufhin den langandauernden Verfassungskonflikt mit König Wilhelm und dessen Ministerpräsidenten Bismarck in Preußen. Allerdings war auch jetzt die Entwicklung in Richtung einer Ausweitung des Norddeutschen Bundes zum Deutschen Reich noch keineswegs zwangsläufig. Die preußische Regierung hatte während der Konflikte mit Dänemark und Österreich die Nationalbewegung weitgehend ignoriert. Südlich des Mains waren Bayern, Württemberg und Baden nun souveräne Staaten. 1868 dort abgehaltene Wahlen zeigten, dass es in der Bevölkerung Süddeutschlands einstweilen nur wenig Sympathien für einen Anschluss an den großpreußischen Norddeutschen Bund gab. Und auch Bismarck hielt es damals für gut möglich, dass ein solcher Anschluss wenn überhaupt, dann nicht mehr zu seinen Lebzeiten erfolgen würde.

Dass es anders kam, war erneut in erster Linie einem Akteur außerhalb Deutschlands zuzuschreiben, nämlich der französischen Regierung unter Kaiser Napoleon III. Der Neffe des ersten Napoleon hatte in Frankreich, getragen von breiter Zustimmung in der Bevölkerung, nach der Revolution von 1848 Schritt für Schritt die Macht erobert. Ende der 1860er Jahre war diese Zustimmung aber weitgehend wieder verloren gegangen. Napoleons Regierung stand innenpolitisch mit dem Rücken zur Wand und brauchte dringend einen äußeren Prestigeerfolg. Deshalb spielte man in Paris mit höchstem Einsatz, als über die Besetzung des spanischen Throns ein diplomatisches Pokerspiel mit Preußen begann.

Anfang Juli 1870 wurde bekannt, dass ein deutscher Prinz zum König von Spanien gewählt werden sollte. Es handelte sich um einen Vertreter der katholischen Nebenlinie des Hauses Hohenzollern, dessen Chef der preußische Monarch Wilhelm war. Frankreich forderte daraufhin von Wilhelm den Verzicht seines Verwandten auf die Thronkandidatur. Preußen gab zunächst nach. Dann überspannte die Regierung Napoleons III. angesichts ihrer verzweifelten innenpolitischen Lage jedoch nach Einschätzung auch anderer zeitgenössischer Beobachter im übrigen Europa den Bogen, indem sie Garantien gegen eine erneute Thronkandidatur und eine Entschuldigung forderte. König Wilhelm lehnte das ab und berichtete aus Bad Ems, wo er sich zur Kur aufhielt, seinem Ministerpräsidenten Bismarck darüber.

Entgegen einer bald auch von ihm selbst verbreiteten nationalen Legende hat Bismarck mit seiner Kürzung dieses Berichts, der sogenannten Emser Depesche, Frankreich nicht zum Krieg provoziert. Die «Depesche» war vielmehr in erster Linie an die süddeutschen Staaten adressiert. Diese hatten 1867 ein Defensivbündnis mit Preußen abgeschlossen. Dem preußischen Ministerpräsidenten ging es deshalb vor allem darum, Frankreich öffentlich als Aggressor zu identifizieren und die Regierungen Bayerns und Württembergs durch das Anfachen nationalistischer Stimmungen unter Druck zu setzen. Das gelang auch: Die süddeutschen Staaten traten auf preußischer Seite in den jetzt beginnenden Krieg mit Frankreich ein.

Der Deutsch-Französische Krieg zog sich bis Anfang 1871 hin. Er endete mit einem Sieg Preußens und seiner Verbündeten. Während seines Verlaufs steigerte sich der Nationalismus auf beiden Seiten der Front zu nationalem Chauvinismus. Das beförderte freilich einen Anschluss der süddeutschen Staaten an den Norddeutschen Bund. Noch vor dem Waffenstillstand kam es im Spiegelsaal des Versailler Schlosses zur Ausrufung des Deutschen Reiches. Die Wahl des Ortes war ein Ausdruck davon, dass nationalistische Begeisterung einherging mit der bewussten Demütigung des schon fast besiegten Gegners.

Das Deutsche Reich und die europäischen Mächte

Zu den zahlreichen mit der Reichsgründung verbundenen nationalen Mythen gehört auch, dass sie dem übrigen Europa abgetrotzt worden sei. Tatsächlich standen zumindest Russland und Großbritannien, die neben Frankreich und Österreich-Ungarn damals wichtigsten europäischen Großmächte, der deutschen Einigung unter preußischer Führung nicht grundsätzlich feindlich gegenüber. Anfangs begrüßten Teile der russischen und britischen Regierung die Gründung eines deutschen Nationalstaats aus eigenen strategischen Interessen sogar.

Das änderte sich jedoch, als auf Drängen der preußischen Militärs und der deutschen nationalistischen Öffentlichkeit Frankreich gezwungen wurde, im Frieden von Frankfurt 1871 Elsass-Lothringen an das Deutsche Reich abzutreten. Damit war aus der bis dahin schwächsten europäischen Großmacht Preußen eine potentielle neue Vormacht auf dem Kontinent entstanden. Im übrigen Europa argwöhnte man nach den drei Kriegen von 1864, 1866 und 1870/71 nun, dass die preußische Expansion noch nicht an ihr Ende gekommen sei. Besonders deutlich kam dieses Misstrauen zum Ausdruck, als 1875 in offiziösen deutschen Zeitungen von einem möglichen «Präventivkrieg» gegen Frankreich die Rede war. In der daraus erwachsenden «Krieg in Sicht»-Krise solidarisierten sich Großbritannien und Russland vorübergehend mit Frankreich, so dass das Deutsche Reich kurzzeitig isoliert dastand.

Bismarck, der zusätzlich zum Amt des preußischen Ministerpräsidenten jetzt auch das des Reichskanzlers ausübte, betonte demgegenüber die «Saturiertheit» des neuen Nationalstaats: Das Deutsche Reich habe keine weiteren territorialen Ansprüche gegenüber seinen Nachbarn. Als verantwortlicher Leiter der deutschen Außenpolitik versuchte er den Status quo zu zementieren. Um das Erreichte zu sichern, bemühte Bismarck sich um möglichst gute Beziehungen zu den anderen Mächten.

Mit Frankreich gelang das jedoch nie. Die erzwungene Abtretung von Elsass-Lothringen verbaute die Möglichkeit einer Aussöhnung der Kriegsgegner von 1870/71. Stattdessen wurde auf beiden Seiten das Konstrukt einer deutsch-französischen «Erbfeindschaft» gepflegt. Mit dem glimpflicher behandelten Gegner von 1866 gelang dagegen ein Ausgleich. Österreich-Ungarn entwickelte sich im Lauf der 1870er Jahre schrittweise zum engsten Verbündeten des Deutschen Reiches. Der 1879 schließlich zwischen beiden Staaten geschlossene Zweibund sollte bis zur Auflösung der Habsburgermonarchie am Ende des Ersten Weltkriegs Bestand haben.

Auch mit Russland, jahrzehntelang der engste Verbündete Preußens, suchte Bismarck ein enges Verhältnis zu wahren. Das vorläufige Resultat dieser Politik war das Dreikaiserabkommen von 1873. In ihm verpflichteten sich Russland, Österreich-Ungarn und das Deutsche Reich, durch wechselseitige Konsultationen «den gegenwärtig in Europa bestehenden Friedenszustand zu befestigen» und «auf dem Gebiete der Grundsätze» zusammenzustehen. Letzteres bedeutete konkret eine Kooperation der drei Kaiserreiche gegen revolutionäre und antimonarchische Bestrebungen. Gegenüber dem parlamentarisch regierten Großbritannien wahrte Bismarck dagegen eher Distanz.

Die auf Erhaltung der bestehenden Ordnung nach außen wie innen zielende «Dreikaiserpolitik» wurde allerdings durch Gegensätze zwischen den beteiligten Mächten belastet. Nicht nur rivalisierten Russland und Österreich-Ungarn auf dem Balkan miteinander. Das Zarenreich beanspruchte auch – wie früher gegenüber Preußen – dem Deutschen Reich gegenüber eine Führungsposition. Bismarck zeigte sich jetzt jedoch nicht mehr bereit, diese zuzugestehen. Tatsächlich war der neu gegründete deutsche Nationalstaat ja zum eigentlichen Gravitationszentrum auf dem Kontinent geworden. Das wurde 1878 besonders deutlich, als eine internationale Konferenz zur Entschärfung der Konflikte auf dem Balkan in seiner Hauptstadt stattfand. Bei diesem Berliner Kongress versuchte Bismarck sich als «ehrlicher Makler» zu profilieren, indem er allen beteiligten Staaten auf Kosten des von Russland militärisch geschlagenen Osmanischen Reiches Gebietsgewinne ermöglichte. Das Zarenreich sah sich jedoch um die Früchte seines Sieges betrogen. 1879 scheiterte die konservative «Dreikaiserpolitik» deshalb vorerst.

Der innere Ausbau des Nationalstaats

Auch im Innern des neu gegründeten Deutschen Reiches war der Versuch einer konservativen, den Status quo wahrenden Politik während der 1870er Jahre zunächst nur begrenzt erfolgreich. Zwar atmete die von Bismarck wesentlich beeinflusste Reichsverfassung von 1871 wie schon die ihr zugrunde liegende Konstitution des Norddeutschen Bundes konservativen Geist. Das Reich war konzipiert als ein Bund der Fürsten. Deren Vertretung, der Bundesrat, sollte sich mit dem Kaiser die Macht teilen. Faktisch dominierte Preußen. Der preußische König führte als deutscher Kaiser den Oberbefehl über das Militär, ernannte den Reichskanzler, berief den Bundesrat ein – dessen Beschlüsse sich durch ein Veto der preußischen Vertreter blockieren ließen – und konnte den Reichstag jederzeit auflösen.

Dem Reichstag war als Volksvertretung nur die Rolle eines demokratischen Feigenblatts zugedacht. Seine Kompetenzen beschränkten sich auf Mitwirkung an der Gesetzgebung und Bewilligung des Reichshaushalts. Gewählt wurde er nach einem im europäischen Vergleich für damalige Verhältnisse ausgesprochen demokratischen Wahlrecht: Alle Männer über 25 Jahre waren wahlberechtigt; eine Privilegierung der Besitzenden, wie in den Parlamenten der Einzelstaaten üblich, gab es nicht. Bismarck hoffte, dass angesichts des zahlenmäßigen Übergewichts der ländlichen Bevölkerung dadurch im Reichstag konservative Mehrheiten zustande kommen würden.

Diese Hoffnung erfüllte sich aber erst einmal nicht. Während des größten Teils der 1870er Jahre stellten vielmehr Liberale die Mehrheit im Reichstag – wie auch im preußischen Landtag und den meisten anderen einzelstaatlichen Parlamenten.

Die Zeit bis 1878/79 gilt als die liberale Ära in der Geschichte des Deutschen Reiches. Im Grunde begann diese liberale Ära schon 1866, als die neue Nationalliberale Partei sich nach dem Sieg über Österreich zur Zusammenarbeit mit Bismarck bereitfand und man zusammen den Aufbau des Norddeutschen Bundes in Angriff nahm. Die äußere Hülle des neuen Staates wurde so vor allem mit liberalen Inhalten gefüllt.

Der Staatenbund, als der das Deutsche Reich gegründet worden war, verwandelte sich im Zuge dieser inneren Reichsgründung mehr und mehr in einen Bundesstaat. 1867 gab es in Deutschland zehn verschiedene Währungen und drei Dutzend Notenbanken. Durch Münz- und Bankgesetze wurde innerhalb weniger Jahre eine Währungsunion geschaffen. Gleichzeitig entstand auch eine Wirtschaftsunion. Der Zollverein hatte in dieser Hinsicht zwar schon vor der Reichsgründung manches vorbereitet. Die wirtschaftsrelevante Gesetzgebung der Gliedstaaten des Deutschen Reiches zu vereinheitlichen dauerte jedoch noch ein gutes Jahrzehnt. Während der liberalen Ära entstanden in langwierigen Aushandlungsprozessen ein nationales Aktienrecht, Strafrecht und Pressegesetz.

Reichskanzler Bismarck hat sich bei diesem inneren Ausbau des Nationalstaats direkt kaum engagiert. Gelegentlich beklagte er sich sogar über eine für seinen Geschmack zu liberale Ausgestaltung der Gesetzgebung, etwa beim Strafrecht. Dennoch ließ er die liberale Reichstagsmehrheit und seinen ihr nahestehenden Stellvertreter im Kanzleramt, Rudolf Delbrück, meist gewähren. Denn zum einen waren alternative parlamentarische Mehrheiten geraume Zeit nicht in Sicht. Die Konservativen schnitten bei den ersten Wahlen schlecht ab, und in Preußen standen die meisten von ihnen der Reichsgründung zunächst distanziert gegenüber. Zum anderen, und das war aus Bismarcks Sicht entscheidend, stärkte die nationalstaatliche Zentralisierung die Position des Kanzlers.

Sie stärkte allerdings auch den Reichstag. Dessen Macht war im Verfassungsgefüge eng begrenzt. Er konnte weder die laufenden Staatsgeschäfte oder die Außenpolitik noch die Ernennung des Kanzlers oder der Staatssekretäre, die unter Aufsicht des Kanzlers als Quasi-Minister die Ressorts des Reiches führten, beeinflussen. In der Gesetzgebung musste er mit der Vertretung der Fürsten, dem Bundesrat, kooperieren. Das Recht, die Einnahmen des Reiches zu bewilligen, war der einzige ernsthafte Hebel der Macht, über den der Reichstag verfügte. Nur über diesen Hebel des Budgetrechts konnte das Parlament versuchen, die Verfassungsrealität langsam zu seinen Gunsten zu verändern. Dafür bot der innere Aufbau des Reiches in der liberalen Ära aber wachsende Möglichkeiten.

Während der Metamorphose des ursprünglichen Staatenbundes in einen Bundesstaat gingen immer mehr Kompetenzen auf das Reich über. Eine Reichsbank entstand, ein Reichsgericht, eine Reichspost, ein Reichskanzleramt, ein Reichsschatzamt und ein Reichsmarineamt. Weitere Reichsämter folgten. Das kostete Geld, allein schon für eine stetig wachsende Zahl von Reichsbeamten. Größere finanzielle Bedürfnisse zentraler Institutionen aber waren in der ursprünglichen Verfassungskonstruktion nicht vorgesehen gewesen. Das Reich war ein «Kostgänger» seiner Gliedstaaten, wie man sagte: Seine Institutionen wurden durch Überweisungen der Einzelstaaten finanziert, durch sogenannte Matrikularbeiträge. Über die Höhe dieser Matrikularbeiträge bestimmten jährlich die Parlamente der Einzelstaaten, und der Reichstag gab das Geld dann frei. Den Liberalen, die in den Parlamenten dominierten, diente die wachsende Finanznot des Reiches deshalb als willkommenes Druckmittel: Geld wollten sie nur gegen Zugeständnisse an liberale Interessen, gegen Machtgewinn des Reichstags bewilligen.

Bismarck und die Liberalen

Die konservative Reichsleitung um Bismarck begann Mitte der 1870er Jahre zu überlegen, wie ein solcher Machtgewinn des Parlaments verhindert werden könnte. Ein Wechsel in der wirtschaftlichen Großwetterlage kam ihr zu Hilfe. Die ersten Jahre des Kaiserreichs waren Jahre der Hochkonjunktur gewesen. Wachsender internationaler Warenaustausch, begünstigt durch Freihandel und Liberalisierung des Wirtschaftsrechts, hatte die Voraussetzungen für einen wirtschaftlichen Aufschwung geschaffen. Zusätzlich angekurbelt wurde dieser noch durch öffentliche Investitionen aus der französischen Kriegsentschädigung. Seit 1873 folgte auf den Gründerboom jedoch ein Gründerkrach. Die Wachstumsraten brachen ein. Je länger die Krise andauerte, desto mehr geriet auch die liberale Wirtschaftspolitik in die Kritik.

Weil die Krise eine internationale war und die deutsche Industrie deshalb ihre Produkte im Inland wie im Ausland schlechter absetzen konnte, wurden verstärkt Zölle gefordert, um wenigstens den Binnenmarkt vor Konkurrenz zu schützen. Die Einführung solcher Schutzzölle war zwar umstritten. Exportorientierte Industrien, die Vergeltungszölle des Auslands fürchteten, sprachen sich dagegen aus. Die Befürworter von Zöllen bekamen in der zweiten Hälfte der 1870er Jahre aber einflussreiche Verstärkung aus dem nach wie vor wichtigsten Wirtschaftszweig – der Landwirtschaft. Denn die Revolution im Transportwesen setzte die deutschen Landwirte zunehmend internationaler Konkurrenz aus.

Die liberale Mehrheit in den Parlamenten hielt dennoch weiter am Freihandel fest. Allerdings begann diese Mehrheit nun langsam zu schrumpfen. Bei den Wahlen zum preußischen Landtag 1876 und den Reichstagswahlen 1877 verloren die Liberalen wegen ihres Neins zu Zöllen in ländlichen Wahlkreisen Stimmen und Mandate. Die Agitation landwirtschaftlicher Interessenverbände zeigte zunehmend Wirkung.

Gleichzeitig gaben die preußischen Altkonservativen ihre bisherige Opposition gegen die Reichsgründung auf. 1876 formierten sie sich als Deutschkonservative Partei neu. Der Name war Programm: Statt weiter über das Aufgehen Preußens in Deutschland zu schmollen, wollten sie sich jetzt aktiv an der Gestaltung der neuen Nation beteiligen. Sie strebten ein Ende der liberalen Ära und die Einführung von Schutzzöllen besonders für die Landwirtschaft an. Indem sie agrarische Interessen in den Vordergrund ihres Wahlkampfs stellten, konnten sie und die freikonservative Deutsche Reichspartei den Liberalen zahlreiche Stimmen und Mandate abjagen. Seit 1877 stellten diese im Reichstag nicht mehr die Mehrheit der Abgeordneten.

Gegen die Liberalen ließ sich allerdings auch 1877 noch nicht regieren. Obwohl die beiden konservativen Parteien sich deutlich verbessert hatten, verfügten sie doch nur über ein Fünftel der Sitze im Reichstag. Ein antiliberaler Kurswechsel, wie Bismarck ihn anstrebte, war auf einer so schmalen parlamentarischen Basis nicht dauerhaft erfolgversprechend. Mit der dritten großen Parteirichtung im Parlament, dem politischen Katholizismus, lag die Reichsleitung seit 1871 im Clinch. Und die Sozialdemokraten waren nicht nur aus Bismarcks Sicht erst recht erbitterte Feinde des Status quo. Sie verstanden sich auch selbst als Fundamentalopposition gegen die konservative politische und die kapitalistische wirtschaftliche Ordnung des Deutschen Reichs. Gerade diese Fundamentalopposition aber schickte sich nun an, zur vierten großen Parteirichtung des Reichs aufzusteigen: Bei den Reichstagswahlen von 1877 konnten die Sozialdemokraten zum dritten Mal in Folge ihre Stimmenzahl erhöhen.

Kulturkampf und konservative Wende

Im nächsten Jahr veränderte eine Kette von Zufällen die Situation und stieß Entwicklungen an, die schließlich zum Ende der liberalen Ära führen sollten. Innerhalb weniger Wochen wurden 1878 zwei Attentate auf den preußischen König und deutschen Kaiser Wilhelm verübt. Beim ersten blieb der Monarch unverletzt, beim zweiten wurde er lebensgefährlich verwundet. Beide Attentäter hatten in der Vergangenheit lose Verbindungen zu sozialistischen Gruppen gehabt, sich von diesen in der Zwischenzeit jedoch gelöst. In der breiten Öffentlichkeit wurden ihre Taten jedoch in Verbindung mit der Sozialdemokratie gesehen.

Nach dem ersten Attentat hatten die im Reichstag vertretenen Parteien – mit Ausnahme der Konservativen – ein Repressivgesetz gegen die Sozialdemokraten, das Bismarck forderte, noch abgelehnt. Nach dem zweiten begann die Stimmung bei der stärksten Fraktion, den Nationalliberalen, zu kippen. Bismarck ließ das Parlament dennoch auflösen und Neuwahlen ansetzen. Denn mit den Konservativen hoffte er, die Nationalliberalen weiter zu schwächen und nach Möglichkeit zu spalten.

Diese Rechnung ging zunächst jedoch lediglich teilweise auf. Bei den Reichstagswahlen im Sommer 1878 erlitten die Nationalliberalen noch stärkere Verluste als 1877. Zusammen mit der linksliberalen Fortschrittspartei, von der sie sich 1866 abgespalten hatten, stellten sie jetzt nur noch etwa ein Drittel der Abgeordneten. Vor 1877 war es mehr als die Hälfte der Mandate gewesen. Besonders der linke Flügel der Nationalliberalen wurde bei den Wahlen geschwächt. Nach heftigen inneren Auseinandersetzungen stimmte die Partei im Herbst geschlossen für das Sozialistengesetz. Sie schluckte damit freilich eine Kröte, die ihr schwere und anhaltende Magenschmerzen verursachte. Schließlich verstießen die Nationalliberalen mit ihrer Zustimmung zu dem Gesetz, das den Sozialdemokraten außer der Beteiligung an Wahlen praktisch jede politische Aktivität verbot, gegen elementare Grundsätze liberaler Politik.

Die Konservativen stimmten ebenfalls für das Sozialistengesetz. Sie waren die eigentlichen Gewinner der Reichstagswahlen von 1878. Innerhalb von anderthalb Jahren hatten sie ihre Stimmen- und Mandatszahl mehr als verdoppelt. Die Kräfteverhältnisse im Reichstag verschoben sich. Einen symbolischen Ausdruck fand das in der Wahl des Parlamentspräsidiums. Bisher waren Reichstagspräsident und erster Vizepräsident Nationalliberale gewesen, und die linksliberale Fortschrittspartei hatte den zweiten Vizepräsidenten gestellt. Jetzt wurden zwei Konservative als Präsident und dessen erster Vertreter gewählt. Den Nationalliberalen blieb nur der Posten des zweiten Vertreters. Sie hatten ihre dominierende Stellung im Reichstag verloren, waren zum Juniorpartner der konservativen Parteien degradiert worden. Mehr noch: Diese konnten jetzt wählen, ob sie mit den Nationalliberalen oder der Zentrumspartei zusammengingen. Erstmals seit Bildung des Reichstags waren dort Mehrheiten ohne und gegen die Liberalen möglich geworden.

Allerdings waren für eine solche antiliberale Mehrheit die Stimmen der katholischen Zentrumspartei nötig. Doch Bismarck und zumindest die freikonservative Reichspartei befanden sich seit 1871 an der Seite der Liberalen in einem heftigen Konflikt mit dem politischen Katholizismus. Zwischen Staat und kirchlichen Organisationen, insbesondere der katholischen Kirche, war mit der Reichsgründung eine Auseinandersetzung entbrannt, die gemeinhin als «Kulturkampf» bezeichnet wird.

Solche Konflikte zwischen Staatsbürokratien und kirchlichen Organisationen bildeten ein häufiges Phänomen im Europa des späten 19. Jahrhunderts. Sie waren in weiten Teilen des Kontinents Ausdruck der gegenläufigen Tendenzen dieses Zeitalters: Säkularisierung des öffentlichen Raumes einerseits, Bemühungen um eine Rechristianisierung der Gesellschaft andererseits. In ganz Europa rivalisierten Nationalstaaten und Religionsgemeinschaften um die Loyalitäten und Sympathien der Menschen. Im neuen Nationalstaat Italien etwa führte die Einverleibung des päpstlichen Kirchenstaats 1860 zu einem jahrzehntelang andauernden Zerwürfnis mit dem katholischen Klerus. In Frankreich lebten die Auseinandersetzungen der Revolutionszeit zwischen Staat und Kirche wieder auf. In gemischtkonfessionellen Ländern wie Großbritannien, Deutschland und der Schweiz verbanden sich diese Konflikte auch mit Streit um die Rechte religiöser und nationaler Minderheiten. In der Schweiz führten Auseinandersetzungen um das Dogma der Unfehlbarkeit des Papstes in Glaubensfragen, die das Erste Vatikanische Konzil 1870 verkündet hatte, sogar bis an den Rand eines Bürgerkriegs.

Auch im Deutschen Reich war die Verkündung der päpstlichen Unfehlbarkeit ein Auslöser des «Kulturkampfs». Man muss dabei allerdings unterscheiden zwischen den Motiven von dessen hauptsächlichen Initiatoren, nämlich den konservativen

Kreisen um Bismarck einerseits und den Liberalen andererseits. Die liberale Bewegung strebte in Deutschland wie in ganz Europa das Ideal säkularisierter Nationalstaaten an, in denen Religion ausschließlich Privatsache sein sollte. Kirchliche Organisationen, die bei der Gestaltung öffentlicher Angelegenheiten mitsprechen wollten oder sogar maßgebenden Einfluss beanspruchten, mussten aus dieser Sicht grundsätzlich als Gegner erscheinen. Das galt potentiell für die protestantischen Konfessionen ebenso wie für die katholische. Auch wenn manche Liberale im Konflikt zwischen Staat und Kirche eine Fortsetzung von Gedanken der Reformation sahen, zielten die meisten doch darüber hinaus: Es ging ihnen um eine grundlegende Trennung von Politik und Religion. Gerade in Preußen wendeten sie sich deshalb auch gegen das traditionelle «Bündnis von Thron und Altar», die enge Verbindung von preußischem Staat und protestantischer Kirche. Zudem hatte Papst Pius IX. in öffentlichen Verlautbarungen, wie im «Syllabus Errorum» von 1864, wiederholt bereits zentrale Grundsätze des Liberalismus angegriffen und diese für Katholiken unannehmbar erklärt. Über das Erste Vatikanische Konzil und seine Beschlüsse erregten sich daher vor allem die Liberalen.

Bismarcks Motive waren andere, und die Reaktion des Reichskanzlers auf das Konzil fiel entsprechend anders aus. Die Diskussionen um die päpstliche Unfehlbarkeit verfolgte er zunächst ganz entspannt. Tatsächlich bemühte er sich noch 1870 sehr um ein gutes Verhältnis zum Papsttum. Der Papst, so hoffte Bismarck, werde von Rom aus die deutschen Katholiken so lenken können, dass sie eine konservative Politik in Preußen und dem Reich unterstützten. Diese Hoffnungen zerstoben jedoch bald nach der Reichsgründung. Denn nicht nur schien Bismarck die Loyalität der neu gebildeten katholischen Zentrumspartei weniger auf Berlin ausgerichtet als vielmehr «ultramontan», also auf das «jenseits der Berge» gelegene Rom. Das Zentrum unterhielt auch enge Beziehungen zu den schärfsten Antagonisten des neuen Nationalstaats. So sympathisierte Ludwig Windthorst, der Parteiführer, mit der welfischen Bewegung, die eine Rückgabe des 1866 von Preußen annektierten Hannover an dessen altes Herrscherhaus forderte. Und in den preußischen Ostprovinzen unterstützte der politische Katholizismus den Widerstand der polnischen Minderheit gegen Germanisierung und Prussifizierung.

Diese Wahrnehmung des Zentrums als Gefahr für den gerade erst gegründeten Nationalstaat war es, die den gemeinsamen Boden zwischen Bismarck und den Liberalen im «Kulturkampf» bildete. Dahinter traten aus der Sicht der Zeitgenossen manche Differenzen zurück. Dahinter verschwimmen aus der historischen Rückschau manchmal auch die sonst durchaus verschiedenen Motive, die Bismarck und die Liberalen bewegten: stärker antikatholische Affekte hier, eher ein Streben nach Säkularisierung der Gesellschaft dort. Wo die Liberalen auf eine Trennung von Staat und Kirche zielten, hielt Bismarck eigentlich an der Idee eines Bündnisses von Thron und Altar, von preußischem Staat und zumindest protestantischer Religion fest.

Gemeinsamer Nenner war die Frontstellung gegen die katholische Kirche. Der Konflikt mit ihr begann bereits unmittelbar nach der Reichsgründung und eskalierte schnell. Ende 1871 verbot eine Ergänzung des gerade erst verabschiedeten deutschen Strafgesetzbuchs den Geistlichen, staatliche Angelegenheiten in einer den «öffentlichen Frieden gefährdenden Weise» zu kommentieren. Dieser «Kanzelparagraph» diente in den folgenden Jahren als Vorwand für die Inhaftierung von Hunderten katholischer Priester und Bischöfe. 1872 brach das Deutsche Reich die diplomatischen Beziehungen zum Vatikan ab. In Preußen entzog ein Gesetz den Kirchen die Aufsicht über sämtliche Schulen und übertrug sie dem Staat. 1874 wurde die obligatorische Zivilehe in Preußen eingeführt, ein Jahr später in ganz Deutschland.

Zu diesem Zeitpunkt hatte der «Kulturkampf» bereits erkennbar in eine Sackgasse geführt. Fast zweitausend katholische Geistliche saßen im Gefängnis, die Jesuiten waren des Landes verwiesen worden, alle Klostergemeinschaften mit Ausnahme nur der in der Krankenpflege engagierten aufgelöst. Die katholische Kirche erhielt keine staatlichen Zuwendungen mehr, ein Viertel ihrer Pfarrstellen war unbesetzt. Dennoch war das eigentliche Ziel, dem Staat die Loyalität der Katholiken zu gewinnen und die Zentrumspartei zu zerschlagen, alles andere als erreicht. Das wurde bereits bei den Reichstagswahlen von 1874 deutlich: Das Zentrum konnte doppelt so viele Stimmen gewinnen wie drei Jahre zuvor. Statt die Beziehungen der deutschen Katholiken zum «Ultramontanismus» zu kappen, hatte der Konflikt diese Beziehungen befestigt und verstärkt. Große Teile der katholischen Bevölkerung standen dem Reich gerade wegen des «Kulturkampfs» noch jahrzehntelang reserviert gegenüber.

Seit Mitte der 1870er Jahre begannen Bismarck und die Konservativen, die Möglichkeit einer Zusammenarbeit mit dem Zentrum zu sondieren. Der Tod von Papst Pius IX., unter dem das Unfehlbarkeitsdogma verkündet worden war, öffnete 1878 die Tür für eine Deeskalation des Konflikts mit dem Katholizismus. Der Nachfolger von Pius, Papst Leo XIII., zeigte sich verhandlungsbereit. Gespräche mit dem päpstlichen Nuntius verliefen zwar zunächst nur schleppend. Überzeugt von der Existenz einer «schwarzen Internationale», erwartete Bismarck als Gegenleistung für einen Abbau der Kulturkampfgesetze, dass der Vatikan direkt auf das Abstimmungsverhalten der Zentrumspartei im Reichstag Einfluss nahm. Das war freilich, wie der Reichskanzler schließlich erkennen musste, so gar nicht möglich. Dennoch kam es langsam zu einer Annäherung. In Anspielung auf den Bußgang des salischen Königs Heinrich IV. zum Papst im 11. Jahrhundert hatte der Kanzler 1872 dem damals noch liberal dominierten Reichstag versichert: «Nach Canossa gehen wir nicht.» Jetzt äußerte er hinter vorgehaltener Hand, wenn nur das Zentrum etwas kooperationsbereiter sei, «würde er, Bismarck, schon ein wenig nach Canossa gehen».

Entscheidend für die Annäherung zwischen Konservativen und Reichskanzler auf der einen und dem Zentrum auf der anderen Seite wurde schließlich die Wirtschaftspolitik. Während das Sozialistengesetz von der Zentrumsfraktion im Reichstag abgelehnt worden war, konnte für die Einführung von Schutzzöllen von ihr mehr Sympathie erwartet werden. Die konservativen Parteien strebten eine Abkehr vom Freihandel vor allem im Interesse des Agrarsektors an. Darin stimmten sie mit den meisten Zentrumsabgeordneten und deren Wählern überein. Denn die Hochburgen der Zentrumspartei lagen überwiegend auf dem platten Land. Lebte schon die Mehrheit der gesamten Bevölkerung des Deutschen Reiches von der Landwirtschaft, so galt das für den katholischen Bevölkerungsanteil erst recht. Als sich nach den Reichstagswahlen von 1878 im Parlament eine fraktionsübergreifende Volkswirtschaftliche Vereinigung bildete, die Schutzzölle forderte, gehörten ihr fast alle Zentrumsabgeordneten an.

Mitte 1879 stimmte der Reichstag mehrheitlich einer Zolltarifvorlage zu. Die Mehrheit bestand hauptsächlich aus den Konservativen und dem Zentrum, die geschlossen für die Vorlage votierten. Ein Teil der Nationalliberalen stimmte ebenfalls für den neuen Zolltarif; die meisten davon verließen anschließend die Fraktion und wechselten zur freikonservativen Reichspartei über. Drei Monate später erlitten die liberalen Parteien bei den Wahlen zum preußischen Abgeordnetenhaus eine vernichtende Niederlage. Damit hatten sie auch dort, wie zuvor schon im Reichstag, ihre Mehrheit für immer verloren. Die liberale Ära war vorbei. Auf den inneren Ausbau des Nationalstaats im liberalen Geist, der den Norddeutschen Bund und das Deutsche Reich für ein gutes Jahrzehnt geprägt hatte, folgte nun ein konservativer Umbau.

3. Die konservative Ära (1879–1890)

Die Politik der wechselnden Mehrheiten

In der Innenpolitik des Deutschen Kaiserreiches markiert das Jahr 1879 eine klare Zäsur. Bis zum Rücktritt Otto von Bismarcks als Reichskanzler 1890 wurde das Reich nun eindeutig konservativ regiert. Vorher hatte es unter den Staatssekretären, die den Reichsämtern vorstanden, wie unter den preußischen Ministern auch Männer mit liberalen Sympathien gegeben. 1877/78 hatte Bismarck sogar Verhandlungen mit nationalliberalen Parteipolitikern über deren Aufnahme in die preußische Regierung geführt. Daran war jetzt nicht mehr zu denken. Die letzten den Liberalen nahestehenden Minister verließen 1879 die Regierung. Selbst in der preußischen Verwaltung wurden während der 1880er Jahre bevorzugt konservative Aristokraten eingestellt.

In den Parlamenten gewannen die Konservativen zwar nach 1879 nie eine solche Mehrheit, wie die Liberalen sie davor besessen hatten. Sie befanden sich aber auch dort in einer zentralen Machtposition. In Reichstag und preußischem Abgeordnetenhaus kam während der 1880er Jahre kein wesentliches Gesetz gegen ihre Stimmen zustande.

Die 1879 verabschiedeten Schutzzölle wurden in den 1880er Jahren gleich zweimal erhöht. 1885 stiegen die Tarife für Agrarimporte um das Dreifache. 1887 folgte eine weitere Tariferhöhung, so dass die Zollsätze für landwirtschaftliche Produkte jetzt fünfmal so hoch lagen. Getragen wurden diese Zollerhöhungen hauptsächlich von Konservativen und Zentrumspartei. Dieselbe Parteikombination setzte auch eine Börsensteuer, die ebenfalls agrarischen Interessen entgegenkam, und Steuererleichterungen für landwirtschaftliche Schnapsbrennereien durch.

Für das Sozialistengesetz stimmten die Konservativen gemeinsam mit den Nationalliberalen. So konnte das allen rechtsstaatlichen Prinzipien Hohn sprechende Gesetz bis 1890 wiederholt vom Reichstag verlängert werden. Die Verabschiedung der Sozialversicherungsgesetze, auf die noch näher einzugehen sein wird, geschah durch wechselnde Mehrheiten aus Konservativen und Teilen von Zentrum und Nationalliberalen.

Dreh- und Angelpunkt dieser wechselnden parlamentarischen Kombinationen waren immer die Konservativen. Sie waren die Spinne im Netz, bei der alle Fäden zusammenliefen. Die konservativen Parteiführer arbeiteten dabei jeweils mit der Reichsleitung unter Bismarck zusammen. Selbst wenn es zwischen dem Reichskanzler und Teilen der Deutschkonservativen gelegentlich zu kleinen Meinungsverschiedenheiten kam: In den entscheidenden Fragen zogen beide an einem Strang.

Das zentrale Motiv der Politik der wechselnden Mehrheiten hat Bismarck am deutlichsten 1881 in einem Brief an den bayerischen König Ludwig II. formuliert: Letzten Endes ging es ihm darum, eine Erweiterung der Macht des Reichstags und der darin vertretenen nichtkonservativen Parteien zu verhindern. Wie für die Liberalen sei auch für das Zentrum, schrieb er dem Monarchen im Zusammenhang mit dem Abbau der Kulturkampfgesetze, «die kirchliche Frage nur ein Vorwand, die Machtfrage die Hauptsache». Ein «Kampf gegen die Centrumspartei» lasse «sich so lange nicht mit Aussicht auf Erfolg führen, als die Regirung von Seiten der liberalen Parteien nicht ehrlichen und uninteressierten Beistand zu erwarten hat; so lange diese liberalen Parteien für ihren Beistand als Bezahlung den Verzicht auf die noch vorhandenen, unentbehrlichen Rechte der Krone und die Einführung der sogenannten parlamentarischen Majoritätsregirung verlangen, sind sie staatlich gefährlicher als das Centrum, und gegen beide gleichzeitig läßt sich der Kampf erfolgreich nicht führen: mit *einem* der Gegner wenigstens ist ein Waffenstillstand nothwendig».

Von 1878 bis 1881 und wieder von 1887 bis 1890 konnten Regierung und Konservative sich jeweils aussuchen, ob sie mit dem Zentrum oder den Nationalliberalen einen solchen «Waffenstillstand» schlossen. Wurde der eine Partner zu fordernd, wechselte man die Koalition und bildete parlamentarische Mehrheiten mit dem anderen. Zwischen den Reichstagswahlen von 1881 und denen von 1887 war die nationalliberale Fraktion für eine solche Schaukelpolitik zu schwach. In diesen Jahren verlegte Bismarck sich darauf, nach Möglichkeit Koalitionen über Fraktionsgrenzen zu schmieden und so die Parteien zu schwächen. Oder er erkaufte die Unterstützung des Zentrums für eine konservative Politik mit dem schrittweisen Abbau der Kulturkampfgesetze – nicht ohne wiederholt damit zu drohen, die Alternative eines erneuten Bündnisses mit den Liberalen und eine Wiederaufnahme des Konflikts mit der katholischen Kirche sei jederzeit denkbar.

Rechnerisch wäre auch eine antikonservative Mehrheit aus Zentrum und Liberalen möglich gewesen. Doch eine erbitterte

Feindschaft in religionspolitischen Fragen – das Erbe des «Kulturkampfs» – hielt Zentrumspartei und Liberalismus davon ab. Eine während der liberalen Ära denkbar gewordene Ausdehnung des parlamentarischen Einflusses im politischen System des Kaiserreichs rückte so wieder in weite Ferne.

Das Zentrum verhinderte zwar durch eine Klausel im Zolltarifgesetz, dass die Regierung sich durch die Einnahmen daraus vom Budgetrecht des Reichstags unabhängig machen konnte, wie es Bismarck erhofft hatte. Die Mehreinnahmen aus den Zöllen mussten stattdessen den Einzelstaaten überwiesen werden. Auch andere in die gleiche Richtung gehende Vorhaben des Kanzlers scheiterten. Bismarck konnte weder ein Tabak- noch ein Branntweinmonopol des Reichs durchsetzen. Ebenso erfolglos war er mit dem Versuch, zweijährige Budgetperioden einzuführen, um den Einfluss des Parlaments wenigstens zurückzudrängen. Staatsstreichdrohungen, die der Reichskanzler und andere Konservative wiederholt ausstießen, waren bis 1890 reiner Theaterdonner. Die Position des Reichstags im Verfassungsgefüge blieb erhalten. Vorstöße dazu, sie auszubauen und das Reich zu parlamentarisieren, gab es allerdings nun für längere Zeit keine mehr.

Dabei war das Ansehen des Reichstags beträchtlich gestiegen. Mehr und mehr Deutsche setzten ihre Erwartungen und Hoffnungen in das nationale Parlament. Zwischen 1871 und 1887 stieg die Beteiligung an den Reichstagswahlen von 50 auf nahezu 80 Prozent der Wahlberechtigten. Die Zahl der abgegebenen Stimmen verdoppelte sich sogar fast. Doch anders als noch während der liberalen Ära fehlte in den 1880er Jahren eine einflussreiche Gruppe im Parlament, die diesen Prestigegewinn in Machtzuwachs ummünzen wollte.

Die Konservativen zeigten sich aus wohlerwogenem Eigeninteresse nicht interessiert daran, die Waffe des Budgetrechts gegen die mit ihnen verbündete Reichsleitung einzusetzen. Die Zentrumsfraktion hatte andere Prioritäten, nämlich den Abbau der Kulturkampfgesetze. Darüber hinaus wurde sie zunehmend von Interessengegensätzen zwischen verschiedenen sozialen Gruppen im katholischen Milieu belastet. Und auch bei den

Liberalen wucherte der Spaltpilz. Die Nationalliberalen verloren im Übergang von den 1870er zu den 1880er Jahren Abgeordnete und Wähler nach allen Seiten. Der Rest entschied sich schließlich für einen Kurs der engen Kooperation mit den Konservativen und vertiefte damit den Graben, der 1866 zur linksliberalen Fortschrittspartei entstanden war, aber noch bis zum Ende der 1870er Jahre immer wieder hatte überbrückt werden können.

Sozialistengesetz und Sozialversicherung

Entschieden für eine Stärkung des Parlaments setzten sich neben den Linksliberalen nur noch die Sozialdemokraten ein. Ihre junge Parteiorganisation wurde von den Repressionen des Sozialistengesetzes zunächst hart getroffen. Sozialdemokratische Versammlungen wurden verboten und aufgelöst. Zeitungen und Flugschriften durfte die Partei nicht mehr drucken. Während der zwölfjährigen Geltungsdauer des Gesetzes, von 1878 bis 1890, wanderten zahlreiche sozialdemokratische Funktionäre ins Gefängnis. Andere gingen ins Exil nach Frankreich, Großbritannien oder in die Schweiz. Dort druckten sie Parteizeitungen, die illegal ins Reich geschmuggelt und verteilt wurden. Auch Parteitage konnten nur im Ausland abgehalten werden. Sozialdemokratische Lokalorganisationen existierten insgeheim weiter, getarnt als Gesangs- und Sportvereine.

Einzig die Kandidatur bei Wahlen war Sozialdemokraten in Deutschland noch erlaubt. Die Liberalen hatten im Reichstag ein von Bismarck und den Konservativen beabsichtigtes vollständiges Verbot der Partei verhindert – nicht zuletzt aus Furcht, sonst einen Präzedenzfall für weitere Parteiverbote zu schaffen. Bei den ersten Reichstagswahlen unter dem Sozialistengesetz 1881 ging die Zahl der für sozialdemokratische Kandidaten abgegebenen Stimmen zurück. Danach stiegen Wählerzahl und Stimmenanteil der Sozialdemokraten jedoch wieder beständig an. Der Versuch, durch Repression das Wachstum der Partei zu bekämpfen, erwies sich also bald als kontraproduktiv.

Die wachsenden Erfolge der Sozialdemokratie waren kein

zwangsläufiges Resultat der industriellen Entwicklung des Deutschen Reiches. Nicht nur wurde das Rückgrat der Partei zunächst eher von Handwerksgesellen und kleinen Gewerbetreibenden gebildet. Nicht nur zog sie später neben Industriearbeitern viele andere Wähler an. Der Vergleich mit dem wirtschaftlich wesentlich weiter entwickelten Großbritannien zeigt auch, dass das Wachstum sozialistischer Parteien im späten 19. Jahrhundert nicht notwendigerweise parallel zur Industrialisierung erfolgte. Wichtiger dafür war die Haltung der Staatsgewalt. Wo sozialistischen Gruppen die wenigsten Hindernisse in den Weg gelegt wurden, entwickelten sie sich paradoxerweise am spätesten und am langsamsten. Im ausgesprochen toleranten innenpolitischen Klima Großbritanniens dauerte es trotz fortgeschrittener Industrialisierung sehr lange, bis sozialistische Parteien überhaupt entstanden. Auch ihr Wachstum verlief auf der liberal geprägten Insel nur sehr schleppend. Die vergleichsweise konservative Innenpolitik Preußens und des Deutschen Reiches wirkte dagegen geradezu wie ein Treibhaus für das Wachstum sozialistischer Gruppen, obwohl die Industrie hier deutlich weniger entwickelt war. Erst recht galt das in der Zeit des Sozialistengesetzes.

Das Sozialistengesetz und die Grundlegung der deutschen Sozialversicherung in den 1880er Jahren sind oft im Zusammenhang gesehen worden. Für Bismarck waren sie in der Tat zwei Seiten derselben Münze. Allerdings ging die Initiative zu den Sozialversicherungsgesetzen nicht nur vom Reichskanzler aus. Diese hatten vielmehr zahlreiche Väter: bürgerliche Sozialreformer, Vertreter der Kirchen, Experten aus der Bürokratie des Reiches und der Einzelstaaten. Deren Absichten waren dabei durchaus unterschiedlich. Einen gemeinsamen Nenner gab es aber: das Motiv der konservativen Systemstabilisierung, vor allem gegenüber der Herausforderung durch Industrialisierung und sozialistische Bewegung. Die Versicherungsgesetze sollten die Arbeiterschaft für den Staat gewinnen. Doch zumindest kurzfristig gelang das ebenso wenig wie eine Ausschaltung der Sozialdemokratie durch das Sozialistengesetz.

Das Projekt der Sozialversicherung beschäftigte Exekutive

und Reichstag während der gesamten konservativen Ära. Die ersten Entwürfe dazu wurden in Reichsämtern und preußischen Ministerien bereits in den späten 1870er Jahren diskutiert. Nach langen Vorarbeiten passierte 1883 als Erstes das Krankenversicherungsgesetz den Reichstag. Die Unfallversicherung folgte im Jahr darauf. 1889 schloss die Alters- und Invalidenversicherung das sozialpolitische Gesetzeswerk vorerst ab.

Der lange Zeitraum vom Entwurf zur Verabschiedung war nicht nur der Komplexität der Materie geschuldet. Er war auch Folge eines langen Tauziehens zwischen der Reichsleitung um Bismarck und den Parteien im Reichstag. Der Kanzler wollte, um das politische Ziel der Gesetze zu erreichen, eine staatliche Finanzierung und Verwaltung der Sozialversicherung. Doch ausnahmsweise zogen nationalliberale und Zentrumsfraktion dagegen an einem Strang. Sie setzten stattdessen das im Kern bis heute gültige Umlageprinzip der Finanzierung durch, dazu das System öffentlich-rechtlicher Versicherungskassen mit Elementen der Selbstverwaltung.

Deshalb wurde der eigentliche politische Zweck nicht erreicht. Ohne umfassende Finanzierung durch das Reich – nur bei der Altersversicherung schoss die Staatskasse schließlich etwas zu – gab es wenig, wofür die Arbeiterschaft sich dem konservativen Obrigkeitsstaat zu Dank verpflichtet fühlen konnte. Bismarck akzeptierte die Gesetze widerwillig, weil er hoffte, dass die Korporationen der Sozialversicherung in Zukunft als konservativerer Ersatz für eine parlamentarische Volksvertretung dienen könnten. Doch auch daraus wurde nichts. Die Selbstverwaltungsorganisationen der Krankenkassen kamen sogar häufig unter sozialdemokratischen Einfluss. Das trug dann durchaus zur gesellschaftlichen Integration der Sozialdemokraten bei – allerdings erst langfristig und auf ganz andere Art als vom patriarchalisch denkenden Reichskanzler geplant.

Zentrum und Nationalliberale torpedierten Bismarcks Pläne auch deshalb, weil sie seine Nebenabsicht witterten. Allzu offensichtlich hatte der Kanzler zur Gegenfinanzierung staatlicher Leistungen in der Sozialversicherung ein Tabaksteuermonopol des Reiches vorgeschlagen, das geeignet war, dem Reichstag sein Budgetrecht faktisch zu entziehen. Auch wenn politischer Katholizismus und Liberalismus zu viel trennte, um das Budgetrecht offensiv für eine Erweiterung der Parlamentsrechte zu nutzen – den Ast abzusägen helfen, auf dem beide saßen, fanden sie sich nicht bereit. Beim Zentrum kam hinzu, dass eine staatliche Versicherung der kirchlichen Caritas Konkurrenz zu machen drohte. Bei den Nationalliberalen spielten neben Unternehmerinteressen grundsätzliche Vorbehalte gegenüber staatlichem Engagement in der Wirtschaft eine Rolle.

Die Linksliberalen verweigerten sich noch klarer. Nicht allein teilten sie die ideologischen Vorbehalte gegen zu viel Staat. Sie lehnten auch Bismarcks konservative Politik entschieden ab. In den Parlamenten stellten sie während der konservativen Ära die einzige Opposition von Bedeutung. Die Sozialdemokratie wurde nicht nur verfemt und verfolgt. Sie stellte im Reichstag wegen der Wahlkreiseinteilung, die ihre großstädtischen Hochburgen diskriminierte, auch nur eine Handvoll Abgeordnete, im preußischen Landtag wegen des den Besitz privilegierenden Dreiklassenwahlrechts nicht einen einzigen. Die Linksliberalen waren dagegen in beiden Parlamenten vertreten. Als der nach dem Zolltarifgesetz abgespaltene ehemalige linke Flügel der Nationalliberalen 1884 mit der Fortschrittspartei fusionierte, bildeten sie im Reichstag sogar kurzfristig die stärkste Fraktion.

Verbindungen zwischen konservativer Innen- und Außenpolitik

Zeitweilig drohte die aus der Fusion entstandene Freisinnige Partei zu einer Gefahr für Bismarck und die konservative Dominanz zu werden. Zum einen schien es zunächst so, als ob die neue Partei bei den im Herbst 1884 anstehenden Reichstagswahlen ihre Position noch verbessern könne. Zum anderen hegte der Kronprinz Friedrich liberale Sympathien. Kaiser Wilhelm I. zählte mittlerweile 87 Jahre und kränkelte. Eine Thronbesteigung des Kronprinzen in naher Zukunft war abzusehen. Im Frühjahr 1884 erklärte Friedrich gegenüber Bismarck seine Absicht, dann auf die Liberalen gestützt zu regieren. Auch außenpolitisch stand in diesem Fall voraussichtlich ein Kurswechsel an. Denn der mit einer Tochter von Queen Victoria verheiratete Kronprinz hegte wie die Liberalen große Sympathien für das parlamentarisch-liberal regierte Großbritannien.

Offensichtlich um diesen inneren und äußeren neuen Kurs zu verhindern, vollzog der Reichskanzler wenige Tage nach dem Gespräch mit Kronprinz Friedrich eine taktische Kehrtwendung in kolonialpolitischen Fragen. Während Bismarck bis dahin den Erwerb überseeischer Gebiete für das Deutsche Reich strikt abgelehnt hatte, ließ er nun plötzlich das Gebiet des heutigen Namibia unter deutschen «Schutz» stellen. Schlag auf Schlag folgten «Schutzbriefe» für Togo, Kamerun, Tansania und den Nordosten Neuguineas. Gezielt suchte der Kanzler dabei in Übersee die Konfrontation mit Großbritannien, um in Deutschland einen Keil zwischen Friedrich und die Liberalen zu treiben. Denn der Kronprinz und zukünftige Kaiser wurde so als Repräsentant der offiziellen Politik des Reiches den anglophilen Liberalen entfremdet. Die ausgesprochen kolonialkritische Einstellung zumindest der linken Liberalen, die mit ihrem Drängen nach Parlamentarisierung in Bismarcks Augen die größte Gefahr darstellten, musste diese Entfremdung noch verstärken.

Die Erwerbung der ersten afrikanischen «Schutzgebiete» 1884 löste zudem eine regelrechte Kolonialeuphorie in der deutschen Öffentlichkeit aus. Zusätzlich angeheizt wurde diese noch durch die internationale Kongokonferenz, über die Bismarck im Herbst des Jahres in Berlin präsidierte – während des Reichstagswahlkampfs. In der näheren Umgebung des Reichskanzlers pfiffen es die Spatzen von den Dächern, dass Bismarck nicht wirklich hinter der Kolonialpolitik stand, sie aber für den Wahlkampf sehr nützlich fand. Die Rechnung ging auf: Die linksliberale Freisinnige Partei verlor bei den Wahlen Stimmen und Mandate. Wenn Kronprinz Friedrich einen antikonservativen Politikwechsel ernsthaft geplant hatte, fehlte ihm dafür jetzt jedenfalls die parlamentarische Basis. 1885 sagte Friedrich Bismarck zu, ihn nach dem Tod Wilhelms I. als Reichskanzler und preußischen Ministerpräsidenten zu behalten. Und er ging auf Bismarcks Bedingung ein, keine «Parlamentsregierung» zu praktizieren. Damit waren die Ziele der kolonialpolitischen Aktivitäten des Kanzlers erreicht, und er stellte diese Aktivitäten ein.

Mit der kurzen Kolonialepisode verband Bismarck also vor allem innenpolitische Absichten. Ermöglicht wurde sie allerdings durch eine ungewöhnliche außenpolitische Konstellation. Nach dem Auseinanderbrechen des Dreikaiserabkommens mit Russland und Österreich-Ungarn 1879 experimentierte der Reichskanzler in der Außenpolitik zeitweilig mit neuen Wegen. Dazu gehörte auch die Unterstützung einer aktiven Kolonialpolitik Frankreichs, die den Nachbar im Westen von Elsass-Lothringen ablenken sollte. 1884/85 ergab sich daraus eine kurzfristige deutsch-französische Kooperation in kolonialen Fragen gegenüber Großbritannien. Diese ungewöhnliche Konstellation währte jedoch nur etwa ein Jahr. Die Beziehungen zu Frankreich verschlechterten sich mit einem Regierungswechsel in Paris etwa zum gleichen Zeitpunkt wieder, an dem Bismarck im Innern die mit der Kolonialpolitik verfolgten Ziele erreicht hatte.

Abgesehen von solchen gelegentlichen Experimenten blieb Bismarck als verantwortlicher Leiter der Außenpolitik des Deutschen Reiches auch während der 1880er Jahre in den davor eingefurchten Bahnen. Der 1879 mit Österreich-Ungarn geschlossene Zweibund diente bald als Grundlage für eine Wiederherstellung der konservativen Dreikaiserpolitik: Denn Russland suchte angesichts der endgültigen Etablierung des republikanischen Regierungssystems in Frankreich, einer liberalen Regierung in Großbritannien und der Ermordung des reformorientierten Zaren Alexander II. wieder Anschluss an die konservativen Reiche Mitteleuropas. 1881 wurde der Dreikaiserbund zwischen Österreich-Ungarn, Russland und dem Deutschen Reich erneuert.

Zumindest in formaler Hinsicht kam damit sogar ein engerer Zusammenschluss der drei Kaiserreiche zustande als der, der faktisch 1878 mit dem Berliner Kongress geendet hatte. War die 1873 geschlossene alte Übereinkunft ein Abkommen zur wechselseitigen Konsultation gewesen, so handelte es sich jetzt um einen förmlichen Bündnisvertrag. Die drei Vertragspartner sicherten sich gegenseitig wohlwollende Neutralität für den Fall zu, dass einer von ihnen durch eine vierte Macht attackiert werden sollte. Das Deutsche Reich gewann zum ersten Mal seit seinem Bestehen eine gewisse Sicherheit, bei einem Angriff Frankreichs keinen Zweifrontenkrieg befürchten zu müssen. Bismarck sah den Dreikaiserbund darüber hinaus, nach dem Muster der «Heiligen Allianz» von 1815, als Ausdruck monarchischer Solidarität gegen republikanische und liberale Bestrebungen in Europa. Diese in Schach zu halten war auch ein Motiv für die Erweiterung des Zweibunds mit Österreich-Ungarn um Italien zum Dreibund 1882.

Allerdings stellte sich zunehmend heraus, dass eine solche Politik monarchischer Solidarität in Europa auf Sand gebaut war. Die Spannungen zwischen Italien und Österreich um Südtirol blieben ebenso bestehen wie die zwischen Österreich und Russland auf dem Balkan. Zur erneuten Krise der Dreikaiserpolitik ab 1885 trug aber auch die deutsche Politik bei. Vor allem die massiven Erhöhungen der Agrarzölle im Deutschen Reich 1885 und 1887 belasteten das Verhältnis zu Russland, das auf Gewinne aus Getreideexporten angewiesen war, um seine Industrialisierung zu finanzieren. Die konservative deutsche Innenpolitik wurde zu einer Hypothek für die konservative Außenpolitik des Reiches.

Die 1886/87 drohende akute Gefahr eines großen europäischen Krieges ließ sich zwar schließlich abwenden. Der Dreikaiserbund brach aber nun endgültig auseinander. Die deutsche Diplomatie unter Bismarck versuchte die Bruchstücke wenigstens mit dem Notbehelf zweiseitiger Verträge wieder zusammenzuflicken, verstrickte sich dabei jedoch in wachsende Widersprüche. 1887 schloss das Deutsche Reich mit Russland ein Defensivbündnis, den sogenannten Rückversicherungsvertrag. In dessen «ganz geheimem» Zusatzprotokoll versprach die deutsche Seite der russischen Unterstützung für eine Besetzung der türkischen Meerengen am Eingang zum Schwarzen Meer. Gleichzeitig regte Bismarck jedoch den Abschluss eines Bündnisses zwischen Großbritannien, Österreich-Ungarn und Italien an, dessen Ziel es gerade war, Russland von den Meerengen fernzuhalten.

Die äußere Kriegsgefahr konnte Bismarck innenpolitisch zunächst im konservativen Sinn instrumentalisieren. Zentrum und Linksliberale wollten den Militäretat nicht mehr wie bisher üblich für sieben Jahre bewilligen. Damit wären der Reichstag und sein Budgetrecht gestärkt worden. Bismarck ließ deshalb das Parlament auflösen und führte den Wahlkampf 1887 mit dem Hinweis auf ein mögliches Bündnis zwischen Russland und Frankreich, wo der Ruf nach Revanche für den Krieg von 1870/71 lauter geworden war. Bei stark ansteigender Wahlbeteiligung verlor das Zentrum Stimmenanteile, die linksliberale Freisinnige Partei auch zahlreiche Mandate. Wegen enger Zusammenarbeit von Konservativen und Nationalliberalen in den Stichwahlen schrumpfte die Fraktion der Sozialdemokraten ebenfalls, obwohl deren Anteil an den abgegebenen Stimmen weiter wuchs.

Bismarcks Entlassung

1888 starb Kaiser Wilhelm I. Der Kronprinz Friedrich, auf den manche Liberale große Hoffnungen gesetzt hatten, war bei der Thronbesteigung bereits todkrank. Er regierte nur 99 Tage. Sein Sohn wurde mit gerade einmal 29 Jahren als Wilhelm II. Kaiser. Politisch konservativ wie sein Großvater und Bismarck, teilte er die unter den Zeitgenossen weitverbreitete Bewunderung für den mittlerweile 73-jährigen Reichskanzler. Der Thronwechsel stellte deshalb zunächst keinen Einschnitt dar. Zwischen dem alten Kanzler und dem jungen Kaiser, der die Politik selbst mitgestalten wollte, gab es zwar einzelne Meinungsverschiedenheiten – vor allem darüber, ob die Reichsleitung auf das ungebremste Wachstum der Sozialdemokratie eher durch verstärkte Repression oder mehr Sozialpolitik reagieren sollte. Doch bis zu den Reichstagswahlen von 1890 kam es nicht zum Bruch.

Bei den Wahlen konnte die Sozialdemokratie Stimmenzahl und Stimmenanteil fast verdoppeln. Sie war zur populärsten Partei im Reich geworden – auch wenn sich das bei den Mandaten wegen der seit 1871 unverändert gebliebenen Wahlkreiseinteilung, die schnell wachsende Industriestädte benachteiligte, nicht so deutlich widerspiegelte. Bismarck war jetzt mehr denn je entschlossen, das Sozialistengesetz zu verschärfen, und gewann anfangs auch Wilhelm II. dafür. Wenn der Reichstag das ablehnte, wie es unmittelbar vor den Wahlen bereits geschehen war, wollte der Kanzler zur Not das Parlament ganz beseitigen. Aber der junge Kaiser wagte einen solchen Staatsstreich nach für ihn charakteristischem Schwanken schließlich doch nicht. Stattdessen entließ er Bismarck.

Mit dessen Reichskanzlerschaft ging auch eine konservative Ära zu Ende. Bismarck hatte stets die Interessen des Adels und der preußischen Monarchie verfolgt. Seit der konservativen Wende von 1879 waren diese auf doppelte Weise verteidigt und abgestützt worden: zum einen durch Ausnutzung der Differenzen zwischen politischem Katholizismus und Liberalismus, zum anderen durch eine Begünstigung landwirtschaftlicher Interessen. Das war bisher auch durchaus zeitgemäß gewesen, angemessen für eine in religiösen Fragen hochgradig polarisierte und noch mehrheitlich agrarisch geprägte Gesellschaft. Anfang der 1890er Jahre ließ sich jedoch das langsame Wegbrechen zumindest einer der Säulen dieser konservativen Politik absehen. Angesichts des bevorstehenden Übergangs zur Industriegesellschaft wurde eine Politik, die einseitig landwirtschaftliche Interessen berücksichtigte, zunehmend anachronistisch. Der Erdrutschsieg der SPD bei den Wahlen von 1890, gewonnen vor allem mit der Kritik an Agrarzöllen, die bei steigenden Lebensmittelpreisen in den wachsenden Städten auf fruchtbaren Boden fiel, war ein deutliches Warnsignal.

4. «Neuer Kurs» (1890–1894)

Integration statt Konfrontation

Zum neuen Reichskanzler und preußischen Ministerpräsidenten ernannte Wilhelm II. den General Leo von Caprivi. Bismarck hatte Caprivi dem Kaiser selbst als seinen Nachfolger empfohlen. Insofern stellte die Ernennung des Generals keinen radikalen Bruch mit der bisherigen Regierungspolitik dar. Caprivi war preußischer Aristokrat wie Bismarck, wenn auch kein Großgrundbesitzer wie dieser. Wie seinem Vorgänger ging es ihm ebenfalls um Verteidigung und Stabilisierung der zentralen Machtposition von Monarchie und Aristokratie im Deutschen Reich. Um dieses Ziel zu erreichen, schlug Caprivi allerdings einen anderen Kurs ein. Er setzte weder auf Repressionsmaßnahmen gegenüber der Sozialdemokratie noch auf ein Ausspielen von Liberalen und Zentrum in den Parlamenten. Bismarck hatte in der konservativen Ära der 1880er Jahre einen Kurs der Konfrontation praktiziert. Caprivi bevorzugte dagegen eine Politik der Integration.

Bezeichnenderweise übernahm unter Caprivi 1890 zum ersten Mal seit 1879 wieder ein Liberaler ein Ministeramt in Preußen. Der Nationalliberale Johannes von Miquel war sogar der erste führende liberale Parlamentarier seit 1848, der Mitglied des preußischen Staatsministeriums wurde – wenn er auch sein Reichstagsmandat dafür aufgeben musste, weil dessen Ausübung nach der Verfassung mit einem Staatsamt unvereinbar war. Als Finanzminister reformierte Miquel während der nächsten Jahre das Steuersystem in Preußen grundlegend. Zunächst führte er eine progressive Einkommensteuer ein, die ärmere Bevölkerungsschichten entlastete und dafür Wohlhabende stärker zur Deckung staatlicher Ausgaben heranzog. Es folgte eine Reform der Gewerbe- und Kommunalsteuern.

Die sogenannte Miquel'sche Finanzreform hat das Steuersystem des größten deutschen Staates wesentlich modernisiert. Viele der damals eingeführten Neuerungen gelten in Deutschland bis heute. Die Reformen zielten erklärtermaßen darauf ab, die weniger vermögenden Massen der Bevölkerung für den Staat zu gewinnen. Allerdings werden an der Finanzreform auch die Grenzen der neuen Politik sichtbar. So ging die Reform der Einkommensteuer vor allem auf Kosten des industriellen Kapitals. Die traditionelle Privilegierung der Landwirtschaft blieb also erhalten. Ganz besonders galt das für die Gutsbezirke des östlichen Preußen, wo die konservative Aristokratie ihre wirtschaftliche und politische Machtbasis hatte. Diese wurde auch durch eine versuchte Neugliederung der Landgemeinden nicht erschüttert.

Die Finanzreform hat die politische Dominanz der Konservativen in Preußen sogar noch untermauert: Weil das Wahlrecht dort an die Steuerleistung gekoppelt war, wurden die konservativen Parteien im preußischen Abgeordnetenhaus nun noch stärker als vorher. Und daran änderte sich bis zum Ende des Kaiserreichs nichts Wesentliches. Alle Versuche zu einer Reform des Wahlrechts zum Abgeordnetenhaus sollten deshalb bis 1918 vergeblich sein. Preußen blieb, allem Wandel in Wirtschaft und Gesellschaft des Reiches zum Trotz, ein Bollwerk des Konservatismus und bleibendes Hindernis für substantielle politische Veränderungen.

Auf Reichsebene war das erste große Projekt des von Kaiser Wilhelm II. vollmundig angekündigten «Neuen Kurses» unter Caprivi ebenfalls nur teilweise neu. Es handelte sich um eine Reihe von sozialpolitischen Initiativen. Auf diesem Gebiet hatte die Reichsleitung schon in den 1880er Jahren versucht, die Industriearbeiterschaft zu gewinnen und von der Sozialdemokratie abzuhalten. Anders als Bismarck damals verbanden Caprivi und der Kaiser das Zuckerbrot der sozialen Reform aber nicht mit der Peitsche politischer Repression. Außerdem führten sie nicht die Sozialversicherungspolitik des vergangenen Jahrzehnts fort, sondern konzentrierten sich auf Maßnahmen des Arbeiterschutzes.

Die meisten dieser Maßnahmen wurden 1891 in einer neuen

Fassung der Gewerbeordnung gebündelt. Für Frauen und Jugendliche legte sie eine maximale tägliche Arbeitszeit fest. Mit der staatlichen Fabrikinspektion, die kontrollieren sollte, ob die gesetzlichen Vorschriften in den großen Industriebetrieben eingehalten wurden, aber bisher fast nur auf dem Papier bestanden hatte, wurde nun Ernst gemacht. Die Inspektoren kontrollierten jetzt etwa strikt das Verbot der Kinderarbeit. Außerdem konnten in größeren Unternehmen Arbeiterausschüsse eingerichtet werden. Die Städte durften kommunale Gewerbegerichte gründen, um Konflikte zwischen Arbeitgebern und Arbeitnehmern zu entscheiden. Das kam potentiell den Beschäftigten zugute, deren Position in solchen Konflikten die schwächere war.

Die Reformen machten auf Dauer die Lage der Arbeiter in den wachsenden Industriezentren tatsächlich erträglicher. Ihr politisches Ziel verfehlten sie aber. Bei den nächsten Reichstagswahlen 1893 gewann die SPD wieder die meisten Stimmen, sogar noch mehr als 1890. Wie bisher wurde sie vor allem in den Industriestädten gewählt. Die Industriearbeiter honorierten die von der Reichsleitung initiierten Reformen also nicht. Diese waren freilich auch halbherzig. Wo Arbeiterausschüsse eingerichtet wurden, hörten die Unternehmer meist nicht auf deren Mitglieder. Die Gründung von Gewerbegerichten war zunächst fakultativ; erst 1901 wurde sie verpflichtend. In der Landwirtschaft galt kaum eine der neuen Arbeiterschutzmaßnahmen, selbst Kinderarbeit blieb in ländlichen Gegenden noch Jahrzehnte verbreitet. Für die erwachsenen männlichen Arbeiter, die von allen Betroffenen allein wahlberechtigt waren, gab es weiterhin nicht einmal eine gesetzliche Begrenzung der Arbeitszeit.

Zu den Wahlen von 1893 kam es, weil Caprivi den Reichstag hatte auflösen lassen – wie schon Bismarck mehrfach vor ihm. Anlass war eine Auseinandersetzung mit den Linksliberalen, deren Großteil der neue Reichskanzler entgegen seinen Hoffnungen ebenso wenig gewinnen konnte wie die sozialdemokratischen Industriearbeiter. Angesichts des russisch-französischen Militärabkommens von 1892 hielt der Kanzler eine Verstärkung des deutschen Heeres für nötig, für die das Parlament die Mittel bewilligen sollte. In der alten Streitfrage des parlamentarischen Budgetrechts wollte er dem Reichstag zwar entgegenkommen, hielt aber doch eine Bewilligung des Militäretats über fünf Jahre für nötig. Die meisten Linksliberalen akzeptierten dieses Kompromissangebot nicht. Bei den Wahlen verloren sie Stimmen; eine zum Kompromiss mit Caprivi bereite Minderheit der Partei spaltete sich ab. Der Kanzler konnte sich dann zwar in der Sache durchsetzen. Eine Kooperation mit der Mehrheit der linken Liberalen zu etablieren gelang ihm jedoch einstweilen nicht.

Um das Verhältnis zu den anderen Parteien stand es nur wenig besser. Durch die Aufnahme von Miquel ins preußische Staatsministerium hatte Caprivi seinen Willen zur Zusammenarbeit mit den Nationalliberalen deutlich gemacht. Auch um das Zentrum und die mit ihm verbündete Vertretung der polnischen Minderheit im Reichstag bemühte er sich. Die Polen, die in Preußen knapp ein Zehntel der Bevölkerung ausmachten, waren unter Bismarck einer Politik rabiater Germanisierung ausgesetzt gewesen: Deutsch war alleinige Amts- und Gerichtssprache geworden, das Polnische aus dem Schulunterricht verdrängt, Polen ohne deutsche Staatsbürgerschaft ausgewiesen, schließlich sogar polnischer Grundbesitz mit Steuergeldern aufgekauft und an deutsche Ansiedler verteilt worden. Caprivi brach diese Ansiedlungspolitik vorübergehend ab, polnischsprachiger Schulunterricht wurde zum Teil wieder erlaubt. Damit verstimmte der Kanzler aber die Nationalliberalen, die in der Germanisierung der Polen ein nationales Erfordernis sahen.

Caprivis Scheitern

Noch weiter verschlechterte sich das Verhältnis Caprivis zu den Nationalliberalen durch das von ihm in Preußen als Ministerpräsident vorgelegte Volksschulgesetz. Das Gesetz sollte den Kirchen wieder stärkeren Einfluss in den Schulen geben. Im Grunde handelte es sich um einen Versuch, vom Kulturkampf gerissene Wunden zu schließen. Das Zentrum begrüßte die Gesetzesvorlage. Gerade das provozierte aber bei Miquel und den Nationalliberalen einen Sturm der Entrüstung gegen die vorgesehene Rekonfessionalisierung der Schulen. Wilhelm II. entzog Caprivi deshalb seine Unterstützung. Das Schulgesetz kam schließlich nicht zustande. Daraufhin reagierte dann auch das Zentrum verstimmt. Caprivi trat als Ministerpräsident in Preußen zurück. Wilhelm, der zunehmend an ihm zweifelte, ersetzte ihn in diesem Amt durch einen Reformen abgeneigten Konservativen.

Caprivi blieb aber zunächst weiterhin Reichskanzler. Und im Reich sah es lange so aus, als ob er mit seiner Reformpolitik da erfolgreich sein würde, wo die öffentliche Aufmerksamkeit am größten war: in der Wirtschaftspolitik. In den frühen 1890er Jahren liefen mehrere Handelsabkommen des Deutschen Reiches mit anderen europäischen Staaten ab. Caprivi wollte die Abkommen verlängern und bei dieser Gelegenheit die unter Bismarck schrittweise erhöhten deutschen Agrarzölle wieder senken. Dafür gab es mehrere Gründe.

Missernten hatten die Getreidepreise vorübergehend ansteigen lassen. Das trieb die Kosten für das Grundnahrungsmittel Brot nach oben, was den Sozialdemokraten bei der Reichstagswahl von 1890 zugute gekommen war. Dazu kam der wirtschaftliche Strukturwandel, der eine hauptsächlich an den Bedürfnissen des Agrarsektors ausgerichtete Politik in Frage stellen musste. Seit den frühen 1890er Jahren überwog im Deutschen Reich der industrielle Sektor. Deutschland entwickelte sich mehr und mehr zu einem Exporteur von Industrieprodukten. Der Wohlstand seiner Bevölkerung hing zunehmend von diesen Exporten ab. Deutsche Industrieexporte waren in anderen europäischen Staaten nachgefragt. Noch stärker landwirtschaftlich geprägte Länder wie Österreich-Ungarn, Russland oder Italien hatten allerdings auch ein Interesse daran, im Gegenzug ihre Agrarerzeugnisse nach Deutschland auszuführen. Auf die hohen deutschen Getreidezölle drohten sie mit Zöllen auf Industrieprodukte zu antworten. Eine Senkung der deutschen Tarife lag deshalb nahe.

Eine solche Politik bot sich außerdem auch an, um das seit den späten 1880er Jahren immer schlechtere Verhältnis zu Russland wieder zu verbessern. Caprivi hatte es unmittelbar nach seiner Übernahme der Reichskanzlerschaft 1890 abgelehnt, den Rückversicherungsvertrag mit dem Zarenreich zu verlängern. Wie Wilhelm II. erschien ihm der Vertrag zu stark im Widerspruch zu den anderen außenpolitischen Verpflichtungen Deutschlands zu stehen. Kaiser und Kanzler bemühten sich stattdessen, den Dreibund mit Österreich und Italien um ein Bündnis mit Großbritannien zu ergänzen. Ein Verzicht auf deutsche koloniale Ansprüche in Ostafrika, wofür das Reich im Gegenzug das bis dahin britische Helgoland erhielt, sollte ein solches Bündnis anbahnen. Die Verhandlungen mit den Briten liefen jedoch schließlich ins Leere. Währenddessen hatte Russland sich an Frankreich angenähert.

Indem er auf die zollpolitischen Wünsche der russischen Regierung einging, hoffte Caprivi, die Beziehungen zum Zarenreich wieder zu entkrampfen. 1892 hatte der Reichstag Handelsverträgen unter anderem mit Österreich und Italien bereits zugestimmt, in denen geringere Zollsätze für Getreide als bisher vorgesehen waren. Für die Zollsenkungen gab es eine breite Mehrheit im Parlament. Nur die meisten Konservativen stimmten dagegen.

Seit Ende 1892 begannen die Preise für Getreide dann rasch zu sinken. Die Konkurrenz auf dem Weltmarkt machte sich wieder bemerkbar. Nicht nur unter den Großgrundbesitzern im östlichen Preußen, sondern in der ganzen deutschen Landwirtschaft entstand deshalb eine lautstarke Protestbewegung gegen den bevorstehenden Abschluss des Handelsvertrags mit Russland. Ein schlesischer Landwirt rief die Bauern dazu auf zu «schreien, dass es bis in die Parlamentssäle und Ministerien dringt – wir müssen schreien, dass es bis an die Stufen des Thrones vernommen wird». 1893 gründete sich mit dem Bund der Landwirte eine agrarische Interessenvertretung, die schnell zur Massenorganisation wurde. Der Bund stand in enger Verbindung mit der Deutschkonservativen Partei, der er bald weitgehend eine Parteiorganisation ersetzte. Auch im Zentrum und unter den Nationalliberalen entstanden agrarische Interessengruppen. Dennoch ratifizierte der Reichstag nach heftigen Debatten 1894 den Handelsvertrag mit Russland – mit den

Stimmen von Sozialdemokraten, Linksliberalen und dem überwiegenden Teil der Nationalliberalen und des Zentrums.

Bei den Abstimmungen über die Handelsverträge der Jahre 1892 bis 1894 wurden zum ersten Mal seit der liberalen Ära wesentliche Vorlagen im Reichstag gegen die Konservativen verabschiedet. Damit zeichnete sich in zarten Umrissen eine potentielle neue politische Konstellation ab. Wie die linksliberalen hatten sogar die sozialdemokratischen Abgeordneten für die Regierungsvorlagen gestimmt. Die SPD war bisher eine reine Protestpartei gewesen. Ihre Führungselite rechnete mit dem baldigen Zusammenbruch nicht nur des Kaiserreichs, sondern des Kapitalismus. In Erwartung eines solchen «großen Kladderadatschs», wie ihr Vorsitzender August Bebel zu sagen pflegte, hatte sie konstruktive Mitarbeit an Reformen bisher stets abgelehnt. Doch das wurde für eine Partei, die mittlerweile fast ein Viertel der Wähler des Reichstags vertrat, immer schwieriger.

In Bayern stimmten 1894 die Sozialdemokraten dem Landeshaushalt zu. Es war das erste Mal überhaupt, dass sozialdemokratische Abgeordnete den Etat eines Einzelstaates im Deutschen Reich bewilligten. Nach dem Ende des Sozialistengesetzes schien der bayerischen Sozialdemokratie die alte Mentalität der Konfrontation überholt. Zudem herrschte in den süddeutschen Staaten eine liberalere Mentalität als in Preußen. Von ihren norddeutschen Genossen wurden die bayerischen Sozialdemokraten harsch kritisiert. Jahrzehntelange parteiinterne Debatten über die Haltung gegenüber den anderen Parteien und den Regierungen nahmen hier ihren Anfang. Zunehmend gewann in der SPD eine «reformistische» Richtung an Einfluss. Statt auf den fatalistischen Glauben an den «Kladderadatsch» des Kaiserreichs setzten deren Anhänger auf aktive Mitarbeit, um Staat und Gesellschaft von innen schrittweise zu verändern.

Während Leo von Caprivis Reichskanzlerschaft trug diese Strategie jedoch noch keine Früchte. Bei aller Bereitschaft zu begrenzten Reformen war Caprivi auch nicht der Mann, der zu einem Dialog zwischen Reichsleitung und SPD bereit gewesen wäre. Schon gar nicht galt das für seinen obersten Dienstherrn, den Kaiser. Wilhelm II. war seit den Reichstagswahlen von

1893 zutiefst verärgert über die vermeintliche «Undankbarkeit» der Arbeiterschaft, die alle sozialpolitischen Wohltaten des «Neuen Kurses» so gar nicht würdigen wollte. Stattdessen tendierte er nun zu einem harten staatlichen Vorgehen gegen Streiks und Gewerkschaften und erst recht gegen die vermeintlich «vaterlandslosen Gesellen» von der Sozialdemokratie. Auftrieb erhielt diese Tendenz noch durch eine Reihe politischer Anschläge, die radikale Linke in Europa verübten. So fiel 1894 der französische Staatspräsident einem Attentat zum Opfer.

Wilhelm II. forderte deshalb ein Gesetz gegen den angeblich drohenden «Umsturz». Er wollte also jetzt wieder zurück zu der Repressionspolitik, die er selbst noch 1890 gegenüber Bismarck abgelehnt hatte. Weil es wie damals keine Mehrheit für eine solche Politik im Reichstag gab, liebäugelte er schließlich sogar mit einem Staatsstreich, der das Parlament als Machtfaktor ganz ausschalten würde. Caprivi lehnte das jedoch als zu gefährlich ab. In charakteristischer Inkonsequenz verlor Wilhelm II. dann ebenfalls den Mut dazu.

Das persönliche Verhältnis zwischen Kaiser und Kanzler war mittlerweile weitgehend zerrüttet. Dem nüchternen Caprivi lagen die höfischen Schmeicheleien nicht, für die der im Grunde zutiefst unsichere und eitle Wilhelm ausgesprochen empfänglich war. Das nutzten die Konservativen im preußischen Staatsministerium und bei Hofe aus. Von Caprivis Handelsvertragspolitik vor den Kopf gestoßen, intrigierten sie nach Kräften gegen den Kanzler. Ihre politische Isolation im Reichstag konnten die konservativen Eliten durch den direkten Kontakt zum Monarchen ausgleichen. Von ihnen beeinflusst, ging Wilhelm II. im Herbst 1894 auf ein Rücktrittsgesuch des entnervten und desillusionierten Caprivi ein. Das Experiment des «Neuen Kurses» war beendet.

5. Die Verteidigung konservativer Vorherrschaft (1894–1912)

Das persönliche Regiment Wilhelms II.

Die Suche nach einem Nachfolger für Caprivi gestaltete sich schwierig. Einerseits sollte der Kandidat zentrale konservative Interessen wahrnehmen. Für die aristokratischen Kreise am Hof Wilhelms II. kam eine Neuauflage der Reformpolitik nicht in Frage. Andererseits musste der neue Reichskanzler auch für Nationalliberale und Zentrumspartei einigermaßen akzeptabel sein. Denn sowenig die das Kaiserreich regierenden konservativen Eliten bereit waren, sich durch diese Parteien von den zentralen Schalthebeln der Macht verdrängen zu lassen: Auf ihre Unterstützung konnten und wollten sie nicht ganz verzichten. Dafür war der konservative Rückhalt im Reichstag – ein Viertel der Mandate – zu gering, während die den Umsturz der bestehenden Staats- und Wirtschaftsordnung anstrebenden Sozialdemokraten immer mehr an Sympathien in der Bevölkerung gewannen.

Auch die süddeutschen Regierungen sollten durch die Wahl des Kandidaten zumindest symbolisch wieder stärker in die Reichspolitik eingebunden werden. Denn die politische Entwicklung nördlich und südlich des Mains klaffte immer weiter auseinander. Im Norden dominierten unangefochten die Konservativen. Ihre Position im preußischen Landtag war durch die Folgen der Miquel'schen Steuerreform für das Wahlrecht noch gestärkt worden. Im hochgradig industrialisierten Sachsen wurde 1896 das Wahlrecht nach preußischem Modell geändert, um sozialdemokratische Mehrheiten zu verhindern. In Baden, Württemberg, Bayern und Hessen-Darmstadt dagegen regierten die Fürsten weitgehend im Einvernehmen mit liberalen Landtagsmehrheiten. Die Schwerpunkte dieser parlamentarischen Mehrheiten verschoben sich zudem mehr und mehr nach links.

Das Wahlrecht zu den meisten süddeutschen Landtagen wurde nach der Jahrhundertwende demokratisiert – in Bayern und Württemberg 1906, in Hessen-Darmstadt 1911.

Wilhelm II. selbst wollte einen Mann, der bedingungslos den Willen des Kaisers in der Politik umsetzte. Von Caprivi war er in dieser Hinsicht enttäuscht worden. Denn der hatte sich einer Rückkehr zu Repressionsmaßnahmen, die Wilhelm angesichts der politischen Wirkungslosigkeit der Arbeiterschutzgesetze für nötig hielt, rundheraus verweigert. Nun war der Kaiser auf der Suche nach jemandem, der sich als williges Werkzeug seines persönlichen Regiments eignete.

Die Wahl fiel schließlich auf Chlodwig zu Hohenlohe-Schillingsfürst. Hohenlohe entstammte dem fränkischen Hochadel. Er hatte für die Freikonservativen im Reichstag gesessen; radikalen Reformen war er abgeneigt. Als erstem Reichskanzler süddeutscher Herkunft und katholischer Konfession wurde ihm das Potential zugeschrieben, außerhalb Preußens und beim Zentrum integrierend zu wirken. Dass Hohenlohe als bis 1870 amtierender bayerischer Ministerpräsident die Reichseinigung befürwortet hatte, sicherte ihm die Sympathien der Nationalliberalen. Bei seinem Amtsantritt war er bereits 75 Jahre, damit älter als Bismarck bei dessen Entlassung, und fühlte sich der Aufgabe weder physisch noch psychisch gewachsen. Unter anderem das Versprechen großzügiger Unterstützung aus der Privatschatulle des Kaisers bewegte ihn schließlich dazu, sie doch zu übernehmen.

Die materielle Abhängigkeit machte Hohenlohe noch abhängiger vom Kaiser, als es seine Vorgänger gewesen waren. Wilhelm II. übertrug ihm zwar neben dem Amt des Reichskanzlers auch das des preußischen Ministerpräsidenten. Der Kaiser zwang Hohenlohe jedoch von vornherein Minister in besonders relevanten Politikfeldern auf. So setzte Wilhelm einen Mann als Landwirtschaftsminister in Preußen durch, der dem Bund der Landwirte nahestand, um eine Rückkehr zu höheren Zolltarifen vorzubereiten. Da die zwischen 1892 und 1894 abgeschlossenen Handelsverträge die Zölle auf längere Zeit festgelegt hatten, war das einstweilen allerdings Zukunftsmusik. Kurzfristiger umsetzbar als ein Umsteuern zugunsten agrarischer Interessen in der Wirtschaftspolitik erschienen dagegen Repressionsgesetze gegen die SPD und die mit ihr verbundenen Freien Gewerkschaften. Wilhelm ließ diese im preußischen Innenministerium ausarbeiten, dessen Chef er ebenfalls selbst ausgewählt hatte.

Noch Ende 1894 musste der widerstrebende Hohenlohe die Gesetzesvorlage in den Reichstag einbringen. Sie enthielt Vorschläge zur Verschärfung des Strafrechts gegen alle, die «Grundlagen von Staat und Gesellschaft» in Frage stellten. Ausdrücklich genannt wurden zwar nur anarchistische Gruppen. Es war jedoch klar, dass sich die Vorlage auch gegen die Sozialdemokraten richtete – zumal der Kaiser in einer der markigen Reden, für die er berüchtigt werden sollte, allen Kräften des «Umsturzes» einschließlich der SPD eine wesentlich härtere Gangart des Staates androhte.

Im Reichstag veränderte das Zentrum die «Umsturzvorlage» dann: Auch Angriffe auf Religion und Kirche sollten härter bestraft werden. Damit wurde der Gesetzentwurf aber für die Liberalen aller Schattierungen unannehmbar. 1895 lehnte eine Mehrheit des Reichstags ihn ab. Der Kaiser tobte, forderte eine Auflösung des Parlaments, Staatsstreich und die Verkündung des militärischen Ausnahmezustands. Der Kanzler wiegelte ab, mahnte zu Geduld und Vorsicht. Ohne Wilhelm direkt zu widersprechen, verwies er auf die strikt ablehnende Haltung der süddeutschen Fürsten gegenüber solchen Gewaltmaßnahmen, die schwierige außenpolitische Lage des Reiches angesichts des formellen Bündnisses zwischen Russland und Frankreich 1894, das Caprivi mit seiner Handelsvertragspolitik nicht hatte verhindern können, und schließlich die bei einem Staatsstreich drohende Gefahr eines Bürgerkriegs. Wilhelms Umgebung am Hof realisierte, dass eine solche Gewaltpolitik in der Tat ein unkalkulierbares Risiko für die Herrschaft von Monarchie und konservativer Aristokratie bedeutete, und brachte den Kaiser zur Vernunft.

1895/96 wurde das 25-jährige Jubiläum der Reichsgründung begangen. Die Haltung der Sozialdemokraten dazu bestätigte ihren Ruf als «vaterlandslose Gesellen». Das brachte Wilhelm II. erneut auf, und er forderte noch einmal schärfere Maßnahmen gegen die Partei. Statt auf Reichsebene wurde der Vorstoß jetzt in Preußen unternommen, weil die Konservativen im preußischen Abgeordnetenhaus fast die Hälfte der Mandate innehatten. Aber außer ihnen stimmte sonst niemand dafür. Unter den nichtkonservativen Parteien fanden sich zwar genug Stimmen, um Sozialdemokraten den Zugang zum Lehramt an Hochschulen zu verweigern. Das faktisch gegen die Parteiorganisation der SPD gerichtete sogenannte kleine Sozialistengesetz, das die preußische Regierung 1897 vorschlug, lehnten aber sowohl Liberale als auch Zentrum ab.

Das Scheitern von «Umsturzvorlage» und «kleinem Sozialistengesetz» hatte mehrere Folgen. Erstens verstärkte der Kaiser sein persönliches Regiment zunächst noch. Die letzten Vertreter sozialpolitischer Reformen mussten die Regierung Preußens verlassen. Gegen Hohenlohes Rat besetzte Wilhelm nicht nur die Führungspositionen aller preußischen Ministerien, sondern auch die der meisten Reichsämter mit Konservativen seiner Wahl. Der neue Chef des Auswärtigen Amts, der Karrierediplomat Bernhard von Bülow, entwickelte sich zu seinem engsten Vertrauten. Der greise Hohenlohe führte nur noch formal die Geschäfte weiter, bis er 1900 auch offiziell durch Bülow als Reichskanzler und Ministerpräsident in Preußen abgelöst wurde.

Zweitens verlagerte Wilhelm seine Energien nach dem Scheitern der Gesetze gegen die SPD vorübergehend auf den Kampf gegen die Freien Gewerkschaften. Bei einer Welle von Streiks kam es in den späten 1890er Jahren zu Auseinandersetzungen zwischen gewerkschaftlichen Streikposten und «Arbeitswilligen». Der Kaiser forderte daraufhin in mehreren Reden, die «Rädelsführer» der Gewerkschaften mit Zuchthaus zu bestrafen. 1899 wurde deshalb die sogenannte Zuchthausvorlage in den Reichstag eingebracht. Doch auch diesmal lehnten außer den Konservativen alle Parteien die Vorlage ab.

Der vom Kaiser kategorisch geforderte Staatsstreich gegen das Parlament wurde deshalb ein letztes Mal in Reichsleitung und preußischer Regierung ernsthaft diskutiert. Selbst Wilhelm konnte sich jedoch, nachdem seine Wut verraucht war, den Argumenten dagegen nicht ganz verschließen. Zwar wurde den Parlamentariern auch unter Hohenlohes Nachfolger Bülow gelegentlich mit einem Staatsstreich gedroht. Doch das war nur noch Bluff. Die regierenden konservativen Eliten des Kaiserreichs waren seit der Jahrhundertwende überzeugt davon, dass ein Putsch ihre Herrschaft mittelfristig eher beenden als absichern würde.

Bezeichnenderweise endete die Auseinandersetzung um das Streikpostenstehen nach der Ablehnung der «Zuchthausvorlage» durch die Reichstagsmehrheit schließlich mit einer Regelung, die die Rechtsstellung der Gewerkschaften verbesserte. Der Kaiser verlor nun das Interesse an der Frage. Überhaupt zog er sich wenigstens aus der Innenpolitik seit 1900 weitgehend zurück. Gelegentlich meldete er sich zwar noch spontan in einer Rede zu Wort. Das überwiegend negative Echo, das er in der Öffentlichkeit damit auslöste, verleidete ihm allerdings zusehends die Lust daran. Das persönliche Regiment beschränkte sich so mehr und mehr auf militärische Fragen – insbesondere auf Wilhelms Steckenpferd, die Flotte.

Flotten- und Weltpolitik

Neben der Armee verfügte das Deutsche Reich seit seiner Gründung auch über eine kleine Seestreitmacht zum Schutz der eigenen Küsten. Aus Torpedobooten und kleinen Kreuzern bestehend, erschien diese den meisten Zeitgenossen in den 1890er Jahren allerdings aus verschiedenen Gründen nicht mehr ausreichend. Andere Länder gingen zum Bau von wesentlich stärkeren Großkampfschiffen über. Die in den 1880er Jahren erworbenen deutschen Kolonien waren im Kriegsfall von der eigenen kleinen Marine nicht zu verteidigen. Außerdem wuchsen durch Industrialisierung und Globalisierung die deutschen Wirtschaftsinteressen in Übersee schnell. Auch deren Schutz konnte die bestehende Flotte kaum gewährleisten.

Zu diesem eher defensiven Motivbündel kamen andere,

offensivere Beweggründe hinzu. Wenn das Deutsche Reich Weltmacht werden wollte, schien das ohne einen Ausbau der Flotte nicht denkbar. Diese Wahrnehmung eines engen Zusammenhangs von Flotten- und Weltpolitik war nicht auf Deutschland beschränkt. Alle europäischen Großmächte, wie auch die USA und Japan, begannen in den 1890er Jahren ihre Flotte zu vergrößern. Dabei bestand jeweils ein enger Zusammenhang mit kolonialpolitischen Ambitionen. Wer unter den Großmächten über keine starke Flotte verfüge, könne auch nicht im Wettlauf um die Aufteilung der Welt mithalten, ja werde bald auf den Status einer unbedeutenden Mittelmacht absinken – das war die allgemeine Überzeugung.

Was das Deutsche Reich in dieser Hinsicht zunächst von anderen Mächten unterschied, war seine vergleichsweise schlechte Ausgangsposition. Die französische, die US-amerikanische, selbst die italienische Flotte waren Mitte der 1890er Jahre wesentlich stärker als die deutsche – von der britischen Marine ganz zu schweigen. Seit 1898 wurde durch ein gewaltiges Bauprogramm versucht, dieses Ungleichgewicht zu beseitigen.

Aus der Perspektive Wilhelms II. und seiner Berater, allen voran des 1897 zum Leiter des Reichsmarineamtes ernannten Admirals Alfred von Tirpitz, zielte die deutsche Flottenrüstung militärisch wie politisch insbesondere auf Großbritannien. Die britische Marine galt nicht nur als wahrscheinlichster potentieller Gegner einer künftigen militärischen Auseinandersetzung, ob in der Nordsee oder über Kolonien. Um einen solchen Konflikt für die Briten unkalkulierbar zu machen, sollte die deutsche Flotte deshalb mindestens zwei Drittel der Stärke der britischen erreichen. Eine solche «Risikoflotte» würde, das war die politische Überlegung, Großbritannien auch geneigt machen, ein Bündnis mit dem Deutschen Reich zu schließen.

Tatsächlich suchte ein Teil der britischen Regierung 1898 das Gespräch mit der Führung des Deutschen Reiches. Dafür war zu diesem Zeitpunkt allerdings noch weniger die deutsche Flottenrüstung der Grund als die verschärfte Konkurrenzsituation, in der sich das britische Empire weltweit befand. Die Interessen Großbritanniens kollidierten in Asien mit denen Russlands, in

Afrika mit denen Frankreichs. Die Etablierung der USA und Japans als neue Kolonialmächte drohte das Empire noch mehr unter Druck zu setzen. Ein Arrangement mit Deutschland versprach diesen Druck zu verringern.

Zunächst kam es auch zu einer begrenzten Zusammenarbeit in der Kolonialpolitik. Diese brachte dem Deutschen Reich ein kleines Stückchen von jenem «Platz an der Sonne» in der Welt, den Bernhard von Bülow kurz nach seiner Berufung zum Chef des Auswärtigen Amtes gefordert hatte. Nachdem Deutschland und Großbritannien bereits bei der Einrichtung von Stützpunkten und Einflusssphären in China kooperiert hatten, einigten sie sich 1898 über eine mögliche Aufteilung der afrikanischen Kolonien Portugals, falls das Land Bankrott machen sollte. Eine Intervention der europäischen Mächte in den Krieg, den die Briten gegen die unabhängigen Burenrepubliken in Südafrika führten, scheiterte am Deutschen Reich – nachdem öffentlich geäußerte Sympathien Wilhelms II. für die Buren 1896 in London noch irritiert hatten. Im Gegenzug unterstützte Großbritannien das Reich beim Erwerb einiger Inselgruppen im Pazifik.

Die deutsch-britischen Gespräche führten dennoch schließlich in eine Sackgasse. Die Erwartungen beider Seiten waren letztlich unvereinbar. Die britische Regierung war im Grunde nur an Kooperation in kolonialen Fragen interessiert. Die deutsche Seite dagegen bestand angesichts der russisch-französischen Allianz auch auf einem förmlichen Bündnisvertrag für den Fall eines europäischen Kontinentalkrieges. Dazu fanden sich die Briten jedoch nicht bereit. 1901 wurden die Verhandlungen ergebnislos abgebrochen.

Großbritannien suchte nun andere Partner, die auf seine Vorstellungen eingehen wollten. 1902 schloss es mit Japan ein Abkommen. Dieses war vor allem gegen den gemeinsamen Gegner in Asien, Russland, gerichtet. Zwei Jahre später folgte eine Entente cordiale, ein «herzliches Einvernehmen», zwischen London und Paris über kolonialpolitische Zusammenarbeit in Nordafrika.

Zwar bemühte sich die deutsche Politik, in diese Kooperation einen Keil zu treiben. 1905 stattete Wilhelm II. dem marokkanischen Sultan überraschend einen Staatsbesuch ab und sagte seinem Gastgeber Unterstützung des Deutschen Reiches gegen eine Kolonialisierung durch andere zu. Eine internationale Konferenz bestätigte schließlich zumindest formell die Unabhängigkeit Marokkos, die ein Vierteljahrhundert zuvor von allen europäischen Mächten festgelegt worden war. Für Deutschland war es freilich ein Pyrrhussieg. Denn abgesehen von Österreich-Ungarn wurde es auf der Konferenz von niemandem unterstützt. Italien, der dritte Dreibundpartner, hatte sich insgeheim Frankreich angenähert, und die USA sekundierten Großbritannien, nachdem die beiden angelsächsischen Mächte ihre Interessen in Südamerika voneinander abgegrenzt hatten. Der deutsche Vorstoß festigte nur die britisch-französische Entente.

Der mittlerweile als Reichskanzler amtierende Bülow und der Kaiser gingen jedoch nach wie vor davon aus, den fortdauernden Gegensatz zwischen Großbritannien und Russland für deutsche Interessen ausnutzen zu können. 1905 schien sich zudem eine Chance zu bieten, die französisch-russische Allianz zu sprengen. In einem zwischen Japan und dem Zarenreich ausgebrochenen Krieg half Frankreich seinem Bündnispartner nicht. Der Verlauf der militärischen Auseinandersetzungen war für Russland ein Desaster. Unter dem Eindruck der Niederlage kam es auch noch zu revolutionären Unruhen gegen die Regierung des Zaren. Dessen Vetter Wilhelm II. schlug seinem Verwandten vor diesem Hintergrund einen deutsch-russischen Defensivvertrag vor.

Doch der Vertrag trat nie in Kraft. Da er nur für Europa gelten sollte, hatte er keinen direkten Nutzen für Russland, das gerade im Fernen Osten gegen Japan seine Machtstellung verlor. Und nach dem demütigenden Frieden orientierte sich das Zarenreich außenpolitisch neu. Seine Ambitionen verlagerte es fortan von Asien weg und auf den Balkan. Dort aber kollidierten die russischen Interessen mit Österreich-Ungarn, Deutschlands engstem und mittlerweile einzigem Verbündeten. Außerdem ermöglichte die außenpolitische Umorientierung des Zarenreichs nach Europa eine Entspannung im russisch-britischen Verhältnis. 1907 einigten sich London und Sankt Petersburg über eine Abgrenzung ihrer Einflussgebiete in Zentralasien.

In Berlin, wo man von einer Wahlfreiheit zwischen «russischem Bär und englischem Walfisch» ausgegangen war, wirkte die Nachricht wie ein herber Schock. Umso mehr setzte die deutsche Politik nun darauf, Großbritannien mit dem Ausbau der «Risikoflotte» so unter Druck setzen zu können, dass London seine Annäherung an die französisch-russische Allianz revidierte. Der Stapellauf eines völlig neuen Typs von Schlachtschiff, des britischen *Dreadnought*, intensivierte ab 1906 den Rüstungswettlauf zur See. Durch drei Novellierungen des Flottengesetzes wurde dieser in Deutschland bis 1912 vorangetrieben. Aber Großbritannien behielt die Nase vorn: Seine Werften produzierten nicht nur wesentlich mehr Schiffe als die deutschen. Die britischen Schiffe waren auch qualitativ überlegen.

Obwohl das Deutsche Reich also mit der Strategie der «Risikoflotte» scheiterte, fand London sich dennoch wiederholt zu den von Berlin angestrebten Verhandlungen bereit. Das hatte innenpolitische Gründe. Die Einführung eines Pakets von staatlich finanzierten Sozialversicherungen in Großbritannien wurde durch die massive Aufrüstung zur See in Frage gestellt. Die britische Regierung war deshalb durchaus zu einem gewissen Arrangement bereit. Auch zivilgesellschaftliche Initiativen aus beiden Ländern arbeiteten für einen deutsch-britischen Ausgleich. Allerdings konnten diese sich nur selten gegen nationalistische Stimmen durchsetzen, die auf beiden Seiten in der Öffentlichkeit dominierten. Eine erneute internationale Krise um Marokko 1911 gab solchen Kreisen zusätzlichen Auftrieb.

1912 scheiterten die letzten Flottengespräche zwischen Berlin und London. Dazu trugen nun nicht allein die schwer zu vereinbarenden gegenseitigen Erwartungen, sondern auch der Einfluss der jeweiligen nationalen Öffentlichkeit bei. Die deutsche Seite forderte eine Neutralitätszusage Großbritanniens für den Fall eines Krieges zwischen Frankreich und Russland einerseits, Deutschland und Österreich-Ungarn andererseits. Beeinflusst von den deutschfeindlichen Stimmen zu Hause argwöhnten die britischen Unterhändler daraufhin, das Deutsche Reich wolle sich nur absichern, um mit einem solchen Krieg seine dominante Machtstellung auf dem Kontinent noch weiter auszubauen. Zumindest aber verlangten die Briten, die den Rüstungswettlauf zur See gewonnen hatten, von der deutschen Seite eine Vorleistung. Wilhelm II. war jedoch nicht bereit, auf den Ausbau «seiner» Flotte zu verzichten. Und auch angesichts des Drucks, der von der flottenbegeisterten deutschen Öffentlichkeit ausging, wagte es der Reichskanzler nicht, den ohnehin beratungsresistenten Kaiser auf einen vernünftigeren Kurs zu bringen.

«Nationale Sammlung»

Während das außenpolitische Kalkül der Flottenrüstung scheiterte, erfüllten sich die damit verbundenen innenpolitischen Erwartungen zumindest zeitweise. Die Flotte war nämlich auch als Kristallisationspunkt einer Sammlung aller anderen gesellschaftlichen Kräfte gegen die Sozialdemokratie konzipiert. Auf diese Weise, formulierte etwa Admiral von Tirpitz 1895, werde «Schwung in die Erörterung nationalpolitischer Fragen» kommen, «der ein gesundes Gegengewicht gegen unfruchtbare sozialpolitische Utopien» bilden könne. Die Flottenrüstung sollte so zur Stabilisierung der konservativen Herrschaft beitragen.

Zwei Varianten dieser Politik einer «nationalen Sammlung» lassen sich unterscheiden. Die erste vertrat vor allem Johannes von Miquel, Finanzminister in Preußen und seit 1897 dort auch stellvertretender Ministerpräsident. Miquel zielte hauptsächlich auf eine Sammlung der organisierten Interessenvertretungen von Industrie und Landwirtschaft. Den Industriellen werde die Flotte Rüstungsaufträge verschaffen und Absatzmärkte in Übersee sichern; dafür sollten sie eine Erhöhung der Agrarzölle mittragen. Die Flottenrüstung garantiere zudem Vollbeschäftigung und damit eine zufriedene Arbeiterschaft und deren Abkehr von der SPD.

Miquels Kalkül ging nie wirklich auf. Die Arbeiter ließen sich der SPD nicht abspenstig machen. Die industriellen Arbeitgeber waren schon untereinander selten einig. Zwischen dem 1895 gegründeten Bund der Industriellen, der insbesondere die Interessen exportorientierter Branchen vertrat, und dem älteren Zentralverband der Industriellen, der hauptsächlich die für den Binnenmarkt produzierende Schwerindustrie repräsentierte, gab es wenig Gemeinsamkeiten. Das Verhältnis von Industrieverbänden und Landwirtschaft war erst recht alles andere als harmonisch. Besonders deutlich wurde das um die Jahrhundertwende, als der Bund der Landwirte den Bau eines von der Industrie gewünschten Kanals vom Rhein zur Elbe blockierte. Nach dem Scheitern dieses Mittellandkanal-Projekts musste Miquel 1901 als Minister in Preußen zurücktreten.

Erfolgreicher war die zweite, mehr auf die Parteien statt die Verbände zielende Variante der Sammlungspolitik. Als deren wichtigster Protagonist kann Bernhard von Bülow gelten. Schon fünf Jahre bevor er die Ämter des Reichskanzlers und preußischen Ministerpräsidenten übernahm, hatte Bülow sein Konzept 1895 so zusammengefasst: «Die Basis der kaiserlichen inneren Politik muss eine möglichst breite sein, damit Konservative, Nationalliberale, gemäßigte Klerikale [Zentrumsanhänger] und maßvollere Linksliberale auf ihr Platz finden. Einerseits wegen der Aufrechterhaltung der Reichseinheit, andererseits weil wir im Kampf gegen die soziale Revolution eine lange und tiefe Phalanx brauchen.»

Die Unterstützung der Nationalliberalen für eine solche «nationale» Plattform überrascht wenig. Als erster Reichskanzler konnte Bülow aber auch die Linksliberalen zur Gänze gewinnen. Diese stimmten nach anfänglichem Zögern seit 1906 den Flottengesetzen zu. Einige der Vertreter des liberalen Bürgertums in Handel und Industrie profitierten in wirtschaftlicher Hinsicht von der Flotte. Doch das war nicht der einzige und nicht einmal wichtigste Grund. Mehr noch spielte die überwiegend bürgerliche Prägung des Offizierskorps der Marine eine Rolle – während im Heer nach wie vor konservative Aristokraten das Sagen hatten. Vor allem aber war die Zustimmung der linken Liberalen zur Flottenpolitik Folge eines tiefgreifenden Prozesses der Nationalisierung.

Das Kaiserreich bestand mittlerweile seit drei Jahrzehnten.

Für die in ihm aufgewachsene jüngere Generation war seine Existenz eine Selbstverständlichkeit. Aber auch diejenigen, die zu der Gründung von 1871 in Distanz gestanden hatten, identifizierten sich nun zunehmend mit ihr. In dem Maß freilich, wie die Zugehörigkeit zum deutschen Nationalstaat ein Teil persönlicher Identität wurde, wuchsen Bedürfnis und Bereitschaft, dessen Entwicklung im Innern wie nach außen mitzugestalten. Bezeichnenderweise freundete sich ein personell verjüngter Linksliberalismus seit der Jahrhundertwende nicht nur mit dem Ausbau der Flotte, sondern auch mit einer aktiven deutschen Kolonialpolitik an, die von der älteren Generation linker Liberaler in den 1880er Jahren noch entschieden bekämpft worden war.

In der Zentrumspartei vollzogen sich parallel zum generationellen Wandel ähnliche Metamorphosen. Zwar weckten kulturpolitische Auseinandersetzungen, wie um das preußische Schulaufsichtsgesetz von 1905 oder die Wiederzulassung des Jesuitenordens, mit der Erinnerung an Kulturkampfzeiten gelegentlich immer noch konfessionelle Animositäten. Das verhinderte aber nicht eine zunehmend «nationale» Orientierung des politischen Katholizismus. Je mehr das konfessionelle Sonderbewusstsein verblasste, desto mehr setzte die Zentrumsführung den Appell an das wachsende Nationalgefühl seiner Anhänger taktisch im Sinne der Parteieinheit ein, um die angesichts wirtschaftlicher Differenzen auseinanderstrebenden Gruppen katholischer Adeliger, Bürger, Bauern und Arbeiter zusammenzuhalten. Im Reichstag wurde die Zentrumsfraktion seit den Reichstagswahlen von 1898, bei denen sich der Abstieg der Konservativen und der Aufstieg der Sozialdemokraten in der Wählergunst fortsetzten, zur wichtigsten Stütze der Regierungspolitik.

Manchen entschiedenen Konservativen im Umfeld des Bundes der Landwirte versetzte das um die Jahrhundertwende bereits in Unruhe. Außerdem besaß die «grässliche Flotte» aus aristokratischer und agrarischer Perspektive an sich keinerlei Attraktivität. Bülow beabsichtigte jedoch, Flottenrüstung und Zollpolitik miteinander zu verknüpfen, damit auch die Konservativen auf ihre Kosten kamen. Schließlich musste der Ausbau der Marine irgendwie finanziert werden. Das sollte durch die seit Langem angepeilte Erhöhung der Agrarzölle geschehen.

Als Generalprobe für die Vorbereitung eines neuen Zolltarifs diente 1900 das Fleischbeschaugesetz. Unter dem Vorwand des Seuchenschutzes etablierte das Gesetz faktisch ein Einfuhrverbot für Vieh und Fleisch aus Übersee. Verabschiedet wurde es im Reichstag von Zentrum, Nationalliberalen und den meisten Konservativen. Dieselbe Mehrheit setzte 1902 nach langen Debatten in Parlament und Öffentlichkeit eine Erhöhung der Getreidezölle durch. Die SPD stimmte dagegen. Die Linksliberalen votierten nach kontroversen innerparteilichen Diskussionen aus Rücksicht auf ihre städtische Klientel gleichermaßen mit Nein. Einige der dem Bund der Landwirte nahestehende Konservative verweigerten ebenfalls die Zustimmung, weil ihnen die Zollerhöhungen nicht weit genug gingen.

Mehr Sorgen bereitete Bülow allerdings, dass er sein Ziel einer Finanzierung der Flotte durch den Zolltarif verfehlte. Denn der Entscheidung für dessen Verabschiedung waren auch in nationalliberaler und Zentrumspartei heftige Kontroversen zwischen landwirtschaftlichen und städtischen Interessenvertretern vorangegangen. Um städtische Verbraucher für ihre Belastung durch die höheren Zölle zu entschädigen, bestand besonders das Zentrum darauf, Einnahmen aus den Tariferhöhungen für sozialpolitische Zwecke zu reservieren. Die Zolleinnahmen flossen also größtenteils in einen Fonds zur Versorgung von Witwen und Waisen.

Doch weder dieser taktische Schachzug noch weitere sozialpolitische Maßnahmen konnten abermalige spektakuläre Gewinne der SPD bei den «Zolltarifwahlen» von 1903 verhindern. Erstmals gelangen den Sozialdemokraten jetzt auch signifikante Erfolge unter katholischen Arbeitern und bürgerlichen Wählern. Vor dem Hintergrund von Preiserhöhungen für Lebensmittel intensivierte sich 1905/06 die Abwanderung von Anhängern der Liberalen und des Zentrums zur Sozialdemokratie noch. Der Preisanstieg hatte zwar mit den Zöllen wenig zu tun, zumal er bei Fleisch höher ausfiel als bei Brot. In der öffentlichen

Wahrnehmung wurde aber ein Zusammenhang mit dem Zolltarif konstruiert. Die Konzentration auf den «Massenluxusartikel» Fleisch erweiterte die Reichweite des Konsumentenprotests zudem bis weit in den bürgerlichen Mittelstand.

Die Suche nach alternativen Finanzierungsquellen für den Flottenbau gestaltete sich deshalb außerordentlich schwierig. Denn Liberale und Zentrum lehnten Verbrauchssteuern ab, weil sie fürchteten, damit die Abwanderung ihrer Wähler unter den Konsumenten zur SPD weiter zu forcieren. Stattdessen einigten sie sich 1906 auf eine Finanzreform im Reich, die erstmals auch in größerem Umfang Besitzende belastete. Die Einführung einer progressiven Erbschaftssteuer brach sogar mit dem bisherigen Prinzip einer steuerlichen Privilegierung der Landwirtschaft. Dem Reichskanzler blieb nichts anderes übrig, als das zu akzeptieren. Er konnte auch nicht verhindern, dass die Erbschaftssteuer gegen die Stimmen der Konservativen, aber teilweise mit Unterstützung der Sozialdemokraten beschlossen wurde.

Bülow war damit zu einem Zauberlehrling geworden, der allzu gern die Geister wieder loswerden wollte, die er gerufen hatte. Seine Politik der «nationalen Sammlung» hatte zwar zu einem Zusammengehen der Parteien geführt. Doch der Schwerpunkt dieser Sammlung lag mittlerweile deutlich weiter links, als ihm selbst lieb war. Statt die Herrschaft der Konservativen zu sichern, drohte die Sammlungspolitik nun zu ihrer Isolation zu führen.

Der Bülow-Block

Nicht nur die materiellen Privilegien der das Deutsche Reich regierenden konservativen Aristokratie erschienen nach dem Präzedenzfall der Erbschaftssteuer, die erstmals den Zugriff des demokratisch gewählten Reichstags auf die Vermögen der preußischen Großgrundbesitzer ermöglichte, 1906 gefährdet. Auch die politische Herrschaft des Adels war in Gefahr geraten. Die Dominanz von Aristokratie und Monarchie ruhte auf drei Säulen: der alleinigen Verantwortlichkeit des Reichskanzlers als Chef der Exekutive gegenüber preußischem König und Kaiser;

der durch das Dreiklassenwahlrecht abgesicherten Vorherrschaft der Konservativen in Preußen; und schließlich Preußens starker Stellung im Bundesrat. Doch all diese Säulen konservativer Macht waren von Erosion bedroht.

Am deutlichsten war das im Fall des Bundesrats. In der Verfassung des Reiches 1871 konstruiert als deren wichtigstes Element und fürstlich-aristokratisches Gegengewicht zum demokratisch gewählten Reichstag, hatte der Bundesrat gegenüber dem Parlament immer mehr an Einfluss verloren. Unter Bismarck und Caprivi waren Gesetzentwürfe zunächst im Bundesrat ausführlich beraten und anschließend dem Reichstag zur Zustimmung vorgelegt worden. Seit den späten 1890er Jahren kehrte sich diese Prozedur um: Hohenlohe und erst recht Bülow verhandelten zunächst in Gesprächen mit den Parteien im Parlament, um dann die entsprechend deren Wünschen abgeänderten Gesetzentwürfe im Bundesrat nur noch abnicken zu lassen. Angesichts der permanenten Finanznot des Reiches konnten die Parlamentarier auch wiederholt eine Aufwertung ihrer rechtlichen Situation erreichen. So wurde unter Hohenlohe vor dem Hintergrund der ersten Flottengesetze die reichsweite Rechtsstellung der Parteien verbessert, und dem widerstrebenden Bülow rang der Reichstag im Zusammenhang mit der Finanzreform 1906 Diäten für Abgeordnete ab, die diese materiell unabhängig machten.

Grundsätzlich hätte die preußische Regierung zwar jedes Gesetz im Bundesrat weiterhin blockieren können. Davon machte sie aber kaum noch Gebrauch. Zudem verschob der Fokus der Exekutive sich mehr und mehr von Preußen auf das Reich. Während unter Bismarck die preußischen Ministerien die wichtigeren Gesetze ausgearbeitet hatten, so taten das nun meist die Reichsämter. Gleichwohl blieb Preußen ein Bollwerk konservativer Macht, schon wegen der Zusammensetzung des preußischen Abgeordnetenhauses. Allerdings zog die Kritik am Dreiklassenwahlrecht, das diese Zusammensetzung garantierte, mittlerweile immer weitere Kreise. Denn während das Wahlrecht zu den meisten süddeutschen Landtagen demokratisiert wurde und die Sozialdemokraten 1905/06 Massendemonstrationen für eine Reform auch in Preußen veranstalteten, erklärten jetzt auch Nationalliberale und Zentrum das preußische Dreiklassenwahlrecht öffentlich für reformbedürftig.

Und selbst die dritte Säule konservativer Macht, die Abhängigkeit der Exekutive allein vom Kaiser, wurde von den Parteien immer lauter in Frage gestellt. So verweigerte neben den Sozialdemokraten 1906 auch das Zentrum angesichts von Korruptionsfällen in der Kolonialverwaltung Geld zur Bekämpfung von Aufständen in Afrika, solange das Parlament keine Mitspracherechte in der Personal- und Außenpolitik der Reichsleitung erhielt. Der Kaiser verlangte daraufhin zunächst, «die unverschämten Eingriffe des Zentrums in meine Kommandogewalt» zu unterbinden. Auf Bülows Drängen gab Wilhelm II. dann jedoch dem parlamentarischen Druck nach. Er entließ den in die Korruptionsfälle verwickelten preußischen Landwirtschaftsminister. Der war als erzkonservativer Funktionär des Bundes der Landwirte auch Symbolfigur agrarischer Interessenpolitik und damit Zielscheibe massenhafter Verbraucherproteste gegen die Fleischteuerung, die bis tief in liberale und katholische Kreise reichte.

Der Reichskanzler verglich die Lage bereits mit der im preußischen Verfassungskonflikt zwischen Krone und Parlament während der 1860er Jahre. Nur sei sie jetzt «schwieriger und gefährlicher, als es früher Konflikte in Preußen waren». Ängstlich erwartete Bülow einen Vorstoß zur Parlamentarisierung des politischen Systems, die von einer Reichstagsmehrheit aus Zentrum, Linksliberalen und SPD getragen würde. Mit beiden Händen griff er deshalb zu, als Ende 1906 der Anstieg der Lebensmittelpreise plötzlich nachließ, die wirtschaftliche Unterfütterung der Proteststimmung dadurch wegfiel und sich eine Gelegenheit bot, die gefürchtete Reformkoalition zu verhindern. Bei der Abstimmung über einen Nachtragshaushalt zur Bekämpfung der Aufstände in den afrikanischen Kolonien zeigten sich die Linksliberalen im Gegensatz zu SPD und Zentrum grundsätzlich bereit, mit Konservativen und Nationalliberalen das geforderte Geld zu bewilligen. Bülow ließ daraufhin den Reichstag auflösen und Neuwahlen ansetzen, die er zur Entscheidung über Ja oder Nein zur deutschen Kolonial- und Weltpolitik stilisierte.

Die Reichstagswahlen im Januar 1907 brachten erstmals seit der Zeit des Sozialistengesetzes einen Rückgang der sozialdemokratischen Mandate. Das hatte jedoch weniger mit Bülows «nationaler» Wahlkampfparole zu tun. Es war vor allem die Folge von Wahlabsprachen zwischen Konservativen und Liberalen. Im neuen Reichstag, in dem beide Parteirichtungen zusammen eine knappe Mehrheit gewinnen konnten, wurde die enge Kooperation fortgesetzt.

Dieser «Bülow-Block» war die erste feste «Regierungskoalition» in der Geschichte des Reichstags. In Abkehr von der bis dahin üblichen Praxis parlamentarischer Ad-hoc-Bündnisse, bei der von Gesetzesvorhaben zu Gesetzesvorhaben die Mehrheiten wechselten, verständigten sich konservative und liberale Parteien gemeinsam mit dem Reichskanzler auf ein langfristiges «Regierungsprogramm». Insofern ließ sich der Bülow-Block sogar als ein Schritt in Richtung einer Parlamentarisierung des Reichs verstehen. Doch das war er allenfalls in formaler Hinsicht. Machtpolitisch signalisierte er vielmehr die Rückkehr zur früheren konservativen Praxis, Liberale und Zentrum gegeneinander auszuspielen und so eine wirkliche Transformation des politischen Systems abzublocken.

Denn die Konservativen machten bereits bei der Bildung des Bülow-Blocks unmissverständlich klar, dass sie liberale Forderungen nach wesentlicher Machterweiterung des Reichstags oder substantiellen Änderungen des Wahlrechts in Preußen zum Anlass nehmen würden, wieder Kontakt zum Zentrum aufzunehmen. So war das reale Potential des Blocks von vornherein eng auf die «nationalen» Themen begrenzt, die bei seiner Bildung Pate gestanden hatten. Über die Fortführung von Kolonial- und Flottenpolitik hinaus brachte er 1908 immerhin ein Reichsvereinsgesetz zustande, das Frauen die Mitgliedschaft in politischen Organisationen erlaubte und auch das politische Engagement von deutschen Männern erleichterte. Nationalen Minderheiten dagegen wurden Versammlungen in ihrer Muttersprache erschwert. Gleichzeitig ermöglichte ein preußisches Gesetz die Enteignung von polnischem Grundbesitz in großem Umfang.

Damit waren die Gemeinsamkeiten der Blockparteien weitgehend erschöpft. Bülow ließ zwar Wilhelm II. den Liberalen zuliebe eine «organische Fortentwicklung» des Wahlrechts in Preußen ankündigen. Zu einer Konkretisierung dieses diffusen Versprechens kam es aber wegen entschiedenen Widerstands der Konservativen dagegen erst einmal nicht. Auch als sich im Herbst 1908 die Möglichkeit bot, den Reichstag gegenüber Kaiser und Kanzler zu stärken, wussten die Konservativen das zu verhindern. In einem Interview für die englische Zeitung *Daily Telegraph* hatte Wilhelm II. unbedacht Dinge geäußert, die das ohnehin schon angespannte deutsch-britische Verhältnis weiter belasteten, und Bülow hatte ihn nicht davon abgehalten. Die Liberalen forderten deshalb die Einführung eines parlamentarischen Misstrauensvotums gegenüber dem Kanzler, was darauf hinauslief, diesen der Reichstagsmehrheit und nicht allein nur dem Kaiser verantwortlich zu machen. Doch die Konservativen spielten die liberalen Parteien und das Zentrum, das grundsätzlich der Idee nicht abgeneigt war, so gegeneinander aus, dass die Initiative einstweilen in einer Parlamentskommission versackte.

Über eine neuerliche Reichsfinanzreform kam es 1909 schließlich zum Bruch des Bülow-Blocks. Da angesichts der vorübergehend sinkenden Lebensmittelpreise auch der Verbraucherprotest abgeebbt war, schlug der Reichskanzler den Blockparteien vor, den wegen Heeres- und Flottenverstärkungen weiter gewachsenen Geldbedarf zu vier Fünfteln durch Konsumsteuern zu decken. Das letzte Fünftel sollte eine Ausweitung der 1906 beschlossenen Erbschaftssteuer bringen. Die Liberalen verlangten, dabei erneut Industrie und Landwirtschaft gleichermaßen zu belasten. Das lehnten die Konservativen jedoch ab. Sie verabschiedeten stattdessen schließlich gemeinsam mit dem Zentrum ein Steuerpaket, das insbesondere den Großgrundbesitz nicht belastete, also zur früheren Praxis der steuerlichen Privilegierung des Adels zurückkehrte. Der Bülow-Block hörte damit auf zu existieren. Sein Namenspatron, der Reichskanzler, reichte beim Kaiser ein Rücktrittsgesuch ein, und Wilhelm nahm es an.

Der «schwarz-blaue» Block

Die Umstände von Bülows Rücktritt als Reichskanzler 1909 illustrieren gleichermaßen Ausmaß wie Grenzen der gewachsenen Macht des Reichstags im politischen System des Kaiserreichs. Wilhelm II. hätte Bülow gerne schon vorher entlassen. Im Herbst 1908, bei der *Daily-Telegraph*-Affäre, fühlte der Kaiser sich von seinem Kanzler im Stich gelassen. Das Verhältnis zwischen beiden war seitdem irreparabel zerstört. Doch gegen die Mehrheit des Reichstags wagte Wilhelm nicht zu handeln. Das Parlament konnte, solange sich in ihm eine handlungsfähige, einige Mehrheit fand, auch den beim Kaiser in Ungnade gefallenen Kanzler im Amt halten. Doch es vermochte nicht, dem Monarchen einen Kandidaten seiner Wahl aufzuzwingen, wie sich jetzt zeigte.

Mit der von Zentrum und Konservativen getragenen Finanzreform hatte sich 1909 faktisch eine neue Mehrheitskoalition im Reich etabliert, für die sich sofort die Bezeichnung «schwarzblauer Block» einbürgerte. Der Kaiser berief jedoch mit Theobald von Bethmann Hollweg einen Protagonisten des alten Bülow-Blocks zum Kanzler. Bethmann Hollweg war nach einer steilen Verwaltungskarriere unter Bülow zu dessen Stellvertreter und Staatssekretär des Innern aufgestiegen. Als Kanzler bemühte er sich, durch eine Politik vorsichtiger Reformen die Unterstützung der Liberalen wieder zu gewinnen, ohne Konservative und Zentrum zu vergraulen. Damit nahm er die alte Strategie der Sammlungspolitik wieder auf.

1910 schlug Bethmann Hollweg eine geringfügige Veränderung des Dreiklassenwahlrechts in Preußen vor. Dessen plutokratischer Charakter sollte etwas abgeschwächt, die direkte Wahl eingeführt, das Gewicht der Stimmen von Akademikern und Soldaten erhöht werden. Das kam zumindest nationalliberalen Vorstellungen entgegen. Doch die Konservativen verweigerten sich jedem Kompromiss. Mit dem Zentrum, das im preußischen Landtag stärker großagrarisch und weniger demokratisch geprägt war als in Süddeutschland, spielten sie sich bei der Verschleppung der Reformvorlage die Bälle zu, bis Bethmann diese entnervt zurückzog.

Im nächsten Jahr unternahm er – nunmehr im Reichstag – einen neuen Vorstoß, den «schwarz-blauen» Block mit den Liberalen zu einer Sammlungsmehrheit zusammenzuführen. Elsass-Lothringen, seit 1871 von Berlin aus autokratisch regiert, sollte eine eigene Verfassung und einen Landtag mit Ober- und Unterhaus erhalten. Die beim Wahlrecht zum Unterhaus und bei der Besetzung des Oberhauses vorgesehene Privilegierung bürgerlicher Honoratioren kam besonders den Nationalliberalen entgegen, bleibende Vorrechte des Kaisers sollten die Konservativen gewinnen. Anders als in Preußen konnte das Zentrum von einer Demokratisierung in Elsass-Lothringen, wo drei Viertel der Einwohner katholisch waren, profitieren. Bethmann Hollwegs Reforminitiative bewirkte deshalb schließlich mehr und anderes, als er eigentlich beabsichtigt hatte: Eine Mehrheit aus Zentrum, Liberalen und Sozialdemokraten setzte die Einführung des Reichstagswahlrechts zum Landtag Elsass-Lothringens durch.

Das bestätigte nur einmal mehr, dass die Uhren südlich des Mains anders liefen als in Preußen. Abgesehen von einem tiefen Zerwürfnis zwischen Deutschkonservativen und Kanzler wirkte es aber auf die Reichspolitik nicht zurück, und auch der «schwarz-blaue» Block blieb dort vorläufig intakt. Das zeigte sich, als im Herbst 1911 ein erneutes Ansteigen vor allem der Fleischpreise eine Protestwelle der Konsumenten auslöste. Im Vorfeld der für Januar 1912 terminierten Reichstagswahlen nutzte die Sozialdemokratie das, um die Öffnung der für Viehimporte gesperrten deutschen Grenzen zu fordern. Doch die Parlamentsmehrheit aus Konservativen und Zentrum lehnte den Antrag ab.

Bei den Wahlen kooperierten die Partner des «schwarz-blauen» Blocks dann ebenso eng miteinander, wie es fünf Jahre zuvor die des Bülow-Blocks getan hatten. Doch diesmal war das Resultat ein ganz anderes. Folgenlos blieben alle Versuche, Arbeitnehmer vor der Wahl noch mit einer Zusammenfassung sozialpolitischer Wohltaten in der Reichsversicherungsordnung zu umgarnen und das Sonderbewusstsein der Angestellten durch eine spezielle Versicherung zu stärken. Die Wut der städtischen Verbraucher, die mittlerweile eine deutliche Mehrheit der Wähler stellten, über ihre Belastung durch Grenzsperren und die Finanzreform von 1909 führte zu erdrutschartigen Gewinnen der SPD. Es geschah, was wegen der die Städte diskriminierenden Wahlkreiseinteilung bisher für unmöglich gehalten worden war: Die Sozialdemokraten gewannen nicht nur wie schon seit 1890 die meisten Stimmen, sondern erstmals auch die meisten Wahlkreise. Dazu trug ein Wahlkampfabkommen mit den Linksliberalen bei, das die weitgehende Isolation der SPD gegenüber den anderen Parteien beendete. Die Liberalen konnten ihren Stimmen- und Mandatsanteil halten. Dagegen erzielten die Konservativen das schlechteste Wahlergebnis seit Gründung des Kaiserreichs. Und auch das Zentrum musste zum ersten Mal in seiner Geschichte massive Verluste hinnehmen.

Das Ergebnis der Reichstagswahlen von 1912 kam einem politischen Erdbeben gleich. Nicht nur stellten die Sozialdemokraten mit mehr als einem Viertel der Mandate jetzt die stärkste Fraktion. Auch eine «schwarz-blaue» Mehrheit gab es nicht mehr. Ein wiederbelebter Bülow-Block hätte im Parlament ebenfalls keine Mehrheit gehabt. Damit entfiel jede Möglichkeit für die Konservativen, Liberale und Zentrum im Interesse des eigenen Machterhalts weiter gegeneinander auszuspielen. Theoretisch war zwar eine Neuauflage der Sammlungspolitik weiterhin denkbar. Aber angesichts der parlamentarischen Schwäche der Konservativen, die jetzt nur noch ein gutes Achtel der Reichstagsabgeordneten stellten, wäre das über kurz oder lang nur um den Preis erheblicher Zugeständnisse an liberale und Zentrumsinteressen möglich gewesen. Das politische System des Kaiserreichs war nach Jahrzehnten erfolgreicher Verteidigung konservativer Herrschaft erkennbar in eine Krise geraten.

6. Das Kaiserreich in der Krise (1912–1918)

Die stabile Krise 1912–1914

Nach den sozialdemokratischen Gewinnen bei den Wahlen von 1912 war keine von den Konservativen kontrollierte Mehrheit im Reichstag mehr möglich. Allerdings entstand dort zunächst ebenso wenig eine klar antikonservative Koalition, von der die andauernde Dominanz der Konservativen in der Exekutive des Deutschen Reiches nachdrücklich in Frage gestellt worden wäre.

Dauerhafte Parteibündnisse unter Einschluss der SPD blieben trotz des Wahlsieges der Sozialdemokraten ein Hirngespinst. Ein sozialliberaler «Großblock von Bassermann bis Bebel», auf den die 1910 zur Fortschrittlichen Volkspartei zusammengeschlossenen Linksliberalen hofften, scheiterte auf Reichsebene: Weder der SPD-Vorsitzende August Bebel noch der nationalliberale Parteichef Ernst Bassermann waren dafür zu gewinnen. In Baden, wo Sozialdemokratie und Liberale bereits mehrere Jahre lang eng kooperiert hatten, brach der «Großblock» 1913 wieder auseinander. Eine rein rechnerisch mögliche Mehrheitsbildung der SPD mit dem Zentrum wurde von beiden Parteien ebenfalls abgelehnt.

Realistisch war von allen möglichen Mehrheitskombinationen allein ein Bündnis des politischen Katholizismus mit den liberalen Parteien. Ein solcher «Reichstag der Mitte» kündigte sich bereits unmittelbar nach den Wahlen an, als das Zentrum seine Zurückhaltung gegenüber parlamentarischen Misstrauensvoten, die seit der *Daily-Telegraph*-Affäre von den Liberalen befürwortet wurden, aufgab. Zutreffend kommentierte Reichskanzler Bethmann Hollweg die Verankerung der Möglichkeit von Misstrauensvoten in der Geschäftsordnung des Reichstags: «Von praktischem Wert könnte die Sache nur sein als Etappe auf dem Weg zur Parlamentsherrschaft.» Um einen solchen Weg nicht einschlagen zu müssen, wollte der Kanzler nun eine «Politik der Diagonale» betreiben. In der Praxis lief dieses Regieren «über den Parteien» darauf hinaus, alle Entscheidungen möglichst aufzuschieben, die eine Beteiligung des Reichstags erforderten.

Aus außenpolitischen Gründen stand jedoch eine Reihe von Entscheidungen an, die nicht aufgeschoben werden konnten. 1912 wurden nach dem Scheitern der Verhandlungen mit Großbritannien neue Flotten- und Heeresvorlagen verabschiedet. Im nächsten Jahr erklärten die deutschen Militärs angesichts russischer Rüstungen eine weitere Vergrößerung der deutschen Armee in präzedenzlosem Umfang für unausweichlich. Der Reichstag müsse deshalb einmalig die für damalige Verhältnisse astronomische Summe von einer Milliarde Mark bewilligen und zusätzlich noch weitere Mittel für die kommenden Jahre. Bethmann Hollweg schlug zur Finanzierung eine Kombination aus Besitz- und Verbrauchssteuern vor. Angesichts des Erdrutschsieges, den die Sozialdemokraten mit ihrem Wahlkampf gegen die Belastung der Verbraucher errungen hatten, kam das für die Liberalen und auch das Zentrum anders als noch 1906 und 1909 jedoch nicht in Frage. Sie setzten eine Deckung der gesamten Wehrvorlage aus Vermögenssteuern durch, einschließlich der Belastung von Erbschaften, die die Konservativen im Interesse des agrarischen Großgrundbesitzes weiter verbissen bekämpften.

Damit wurde 1913 zum ersten Mal eine komplette Steuervorlage gegen die Konservativen verabschiedet – und zwar gleich die größte in der Geschichte des Kaiserreichs. Teile der alten aristokratischen Eliten liebäugelten danach einmal mehr mit einem Staatsstreich. Selbst der Kronprinz sympathisierte mit der Idee. Wilhelm II., der sich weitgehend aus der Öffentlichkeit zurückgezogen hatte, seit er durch die *Daily-Telegraph*-Affäre frustriert worden war, pfiff seinen Sohn jedoch zurück: Angesichts der geschlossenen antikonservativen Front in Reichstag und Gesellschaft hatte eine solche Verzweiflungstat keine Aussicht auf Erfolg.

Denn nicht nur waren die Konservativen bei einer kompletten Steuervorlage zum ersten Mal isoliert worden, die sozialdemokratische Reichstagsfraktion hatte auch zum ersten Mal einer solchen Vorlage zugestimmt. In der SPD setzte sich nun diejenige Strömung in der Partei, die auf aktive Mitwirkung an einer schrittweisen Reform des Kaiserreichs setzte, zunehmend durch. Es war jedoch charakteristisch für die gewissermaßen «negative Integration» selbst der reformorientierten Sozialdemokraten in das politische System des Reiches, dass sie zwar die finanzielle Deckung der Heeresvermehrung bejahen, aber gegen die Heeresvermehrung selbst stimmen konnten. Denn die Stellung des Parlaments im konstitutionellen System blieb ambivalent. Die gewachsene Macht des Reichstags ermöglichte es den in ihm vertretenen Parteien zwar immer mehr, Interessenpolitik für die eigene Klientel zu betreiben. Verantwortung für die daraus erwachsenden Folgen mussten sie aber nicht übernehmen.

Das war bei anderen Parteien nicht anders als bei der Sozialdemokratie. Die Verlockung, sich im konstitutionellen System auf diese Weise gemütlich einzurichten, war bei Zentrum und Liberalen sogar noch stärker – befanden diese sich doch jetzt in der parlamentarischen Schlüsselposition. Sie zeigten sich deshalb nun auch weniger geneigt, den begonnenen Weg der Parlamentarisierung weiterzugehen. Denn das drohte auf Dauer anderen, vor allem der SPD, zugute zu kommen. Das Wahlergebnis von 1912 bildete in dieser Hinsicht eine deutliche Warnung. Da wegen ablaufender Handelsverträge neue Verhandlungen über den Zolltarif anstanden, war damit zu rechnen, dass die Sozialdemokraten bei den nächsten turnusmäßigen Reichstagswahlen 1917 angesichts weiterer Zunahme der städtischen Verbrauchermassen noch mehr Mandate gewinnen würden. Als «Mittelparteien», die Wähler in den Städten wie auf dem Land hatten, mussten Liberale und Zentrum hingegen damit rechnen, zwischen den Fronten von Konsumenten und Agrarproduzenten zerrieben zu werden.

Einen Vorgeschmack darauf lieferten die Auseinandersetzungen über die Grenzsperren für Vieh- und Fleischimporte im Herbst 1912. Reichskanzler und Konservative wollten diese im agrarischen Interesse beibehalten, die Sozialdemokraten forderten im Verbraucherinteresse völlige Öffnung der Grenzen. Liberale und Zentrum beschlossen stattdessen einen Kompromiss: Viehimporte aus Nachbarländern wurden für begrenzte Zeit wieder erlaubt, um die Preise zu senken. Der mühevollen Einigung darauf gingen allerdings innerhalb von Zentrum und liberalen Parteien Zerreißproben zwischen ländlichen und städtischen Abgeordneten voraus.

Die Führungen der Mittelparteien waren deshalb ausgesprochen abgeneigt, auf den sozialdemokratischen Vorschlag eines spezialisierten Misstrauensvotums einzugehen. Um das bereits beschlossene Misstrauensvotum gegen den Reichskanzler zu einer effektiven Waffe des Parlaments zu machen, hätte die Reichstagsmehrheit sich auf einen Modus einigen müssen, um anschließend an pauschale Zurückweisungen des politischen Kurses der Exekutive konstruktive Aussagen darüber zu ermöglichen, in welchen Punkten genau sie eine Änderung der Politik erwarteten. Eine solche Spezialisierung war in der Geschäftsordnung des Reichstags nach den Wahlen von 1912 zunächst offen gelassen worden. Liberale und Zentrum lehnten sie jetzt bei den Verhandlungen über die Grenzöffnung ab, weil eine dann nötige detailliertere Diskussion der Frage die Kluft zwischen ihrer ländlichen und städtischen Klientel vertieft hätte.

Wie sehr der Reichstag seiner Macht dadurch selbst Schranken setzte, zeigte sich ein Jahr später. Im Herbst 1913 kam es zu Willküraktionen preußischer Militärs in der elsässischen Stadt Zabern. Die Integration Elsass-Lothringens ins Deutsche Reich, durch die Verfassungsreform von 1911 gerade gefördert, wurde damit wieder in Frage gestellt. Ein Sturm der Entrüstung lief durch den Reichstag. Bethmann Hollweg lehnte aber jede parlamentarische Mitsprache in militärischen Angelegenheiten ab. Zwar sprach eine gewaltige Parlamentsmehrheit, die von den Sozialdemokraten bis zu den Nationalliberalen reichte und die Konservativen einmal mehr isolierte, dem Kanzler daraufhin das Misstrauen aus. Doch der konnte das ignorieren, weil der Reichstag durch den Verzicht auf eine Spezialisierung des Misstrauensvotums sich selbst die Hände gebunden hatte.

Ebenso wenig wie die Parlamentarisierung machte in den

letzten Jahren vor 1914 die Demokratisierung Deutschlands Fortschritte. Bemühungen um eine Reform des preußischen Dreiklassenwahlrechts kamen nicht voran. Die relativ größere Bedeutung kulturpolitischer Fragen in Preußen trennte Liberale und Zentrum dort mehr als im Reich. Auch die im Verhältnis zum nationalen Parlament stärkere Stellung der Industriellen unter den nationalliberalen und der Großagrarier unter den Zentrumsabgeordneten in Preußen ließ beide Parteien dort mehr zu den Konservativen tendieren, erschwerte also die Entstehung einer Reformkoalition der Mitte. Nicht zuletzt fürchteten Vertreter des politischen Katholizismus wie der Liberalen, dass Wahlrechtsreformen vor allem den Sozialdemokraten zugute kommen würden. Die Diskussionen darüber drehten sich deshalb zunehmend im Kreis.

Die Zeitgenossen hatten zwar seit 1912 den Eindruck, das Kaiserreich stecke in einer Krise. Doch es handelte sich um eine stabile Krise. Parlament und Exekutive, Reformkräfte und Kräfte der Beharrung standen sich nicht nur in einem weitgehenden Patt gegenüber. Die Immobilität des Kaiserreichs wurde gerade auch dadurch verursacht, dass sich mächtige Gruppen in dem Schwebezustand zwischen monarchischem und parlamentarischem System, zwischen Herrschaft der alten aristokratischen Elite und Dominanz der neuen demokratischen Massenbewegungen häuslich eingerichtet hatten.

Julikrise 1914: Der Weg in den Krieg

Innen- und Außenpolitik standen am Vorabend des Ersten Weltkriegs in einem engen Zusammenhang. Der in den meisten europäischen Ländern grassierende Nationalismus machte ein Zurückstecken gegenüber den äußeren Ambitionen anderer Nationen, ein diplomatisches Aushandeln von Kompromissen schwierig. Die allgemeine Aufrüstung kostete Unsummen, was in allen Großmächten zu innenpolitischen Verteilungskämpfen und gesellschaftlicher Polarisierung führte. Für alte aristokratische Eliten erschien ein Krieg als Gelegenheit, um durch äußere Prestigeerfolge ihre wackelnde Herrschaft wieder neu abzustützen. Das war nicht nur in Deutschland der Fall, wo der Vorsitzende der Deutschkonservativen Partei sich im Juli 1914 von der Beteiligung an einem großen europäischen Krieg eine «Stärkung der patriarchalischen Ordnung» versprach. In Österreich-Ungarn und erst recht in Russland befanden Monarchie und Aristokratie sich noch mehr in der Defensive. Selbst manche britische Konservative erhofften von einem Krieg die Ablenkung von inneren Gegensätzen.

All das machte den Ersten Weltkrieg freilich nicht unvermeidbar. Seit 1908 war zwar mit der beschleunigten Auflösung des Osmanischen Reiches der Balkan als Krisenherd wieder äußerst virulent geworden. Eine zunehmende Zahl regionaler Akteure und mehrere europäische Großmächte rivalisierten hier um Einfluss. 1908, 1912 und 1913 gelang es aber jeweils, auf dem Balkan entstandene Krisen auf diplomatischem Weg zu entschärfen.

Auch die Ermordung des österreichischen Thronfolgers und seiner Frau durch Angehörige einer serbischen Geheimorganisation in Sarajevo Ende Juni 1914 war zunächst nur ein weiteres in der Reihe von politischen Attentaten, die Europa seit Jahrzehnten erschütterten. Gefährlich wurde der Anschlag erst dadurch, dass die Regierung Österreich-Ungarns sich entschloss, ihn zum Anlass für einen Befreiungsschlag gegen äußere wie innere Gegner zu nehmen. Eine «Strafexpedition» gegen Serbien sollte die von diesem unterstützte Unruhe unter den slawischen Nationalitäten des Vielvölkerstaats Österreich-Ungarn vermindern. Und sie sollte die Position des mit Serbien verbündeten Rivalen Russland auf dem Balkan schwächen.

Für den Fall, dass die geplante «Strafexpedition» einen Krieg mit dem Zarenreich provozierte, versuchte die österreichische Regierung sich vorab deutscher Unterstützung zu versichern. In Berlin war das Echo auf die Anfrage aus Wien geteilt. Der deutsche Generalstab hielt seit spätestens 1912 einen Krieg gegen Russland, Frankreich und Großbritannien für unausweichlich. Da Russland noch nicht sein volles militärisches Potential erreicht habe, plädierten die Militärs dafür, diesen Krieg gemeinsam mit dem Verbündeten Österreich-Ungarn so bald wie möglich zu beginnen. Reichskanzler Bethmann Hollweg erkannte hingegen hellsichtiger als andere Konservative, dass von einem solchen Waffengang «eine Umwälzung alles Bestehenden» zu erwarten sei. Auch die Zukunft der Monarchie in Deutschland stehe dann auf dem Spiel.

Bethmann Hollweg glaubte zudem, ein Krieg könne wie 1908 und 1912/13 verhindert werden. Darin wurde er durch die Erfahrung bestärkt, dass das damalige Krisenmanagement im Zusammenwirken mit Großbritannien trotz des Scheiterns der Flottengespräche zu einer fortgesetzten Entspannung im deutsch-britischen Verhältnis geführt hatte. 1913 war eine neue Absprache über eine eventuelle Aufteilung der portugiesischen Kolonien zwischen Berlin und London zustande gekommen. Im ersten Halbjahr 1914 gelang sogar mit Großbritannien und Frankreich eine Einigung über Eisenbahnkonzessionen im Osmanischen Reich. Gleichzeitig erreichten Berlin allerdings auch Nachrichten von britisch-russischen Flottengesprächen.

Der deutsche Reichskanzler entschied sich vor diesem Hintergrund mit Rückendeckung Wilhelms II. für eine Strategie des «kalkulierten Risikos». Kanzler und Kaiser sicherten den Österreichern während der ersten Julitage 1914 völlige deutsche Solidarität für eine Aktion gegen Serbien zu. Schreckte Russland dann vor der Konfrontation zurück, so Bethmann Hollwegs Überlegung, verbesserte das die Position des deutschen Verbündeten Österreich-Ungarn wesentlich. Wenn Frankreich, Großbritannien oder beide Russland Unterstützung versagten, würde im besten Fall sogar die Verbindung zwischen diesen drei Mächten gelockert. Setzte das Zarenreich dagegen auf den österreichischen groben Klotz einen groben Keil und wurde von Frankreich und Großbritannien unterstützt, dann war es nach Einschätzung der Militärs ohnehin besser, den Krieg früher als später zu beginnen. Außerdem ließ dieser sich dann im Reichstag als ein Verteidigungskrieg gegen Russland darstellen, was die Chancen für seine Akzeptanz durch alle Parteien bis hin zur SPD erhöhte.

Der deutsche «Blankoscheck» ermutigte die österreichische Regierung zu entschiedenem Vorgehen. Am 23. Juli ließ sie ihren Botschafter in Belgrad ein auf 48 Stunden befristetes Ultimatum übergeben. Russland, vom französischen Staatspräsidenten ermutigt, stellte seinem serbischen Verbündeten bedingungslose Unterstützung in Aussicht. Im Vertrauen darauf mobilisierte Serbien am 25. Juli seine Armee. Drei Stunden später ließ die serbische Regierung Wien wissen, sie sei zwar bereit, die meisten Punkte des Ultimatums zu akzeptieren. Dessen Kernforderung, Österreicher an einer Untersuchung zur Aufklärung des Attentats von Sarajevo zu beteiligen, lehnte sie aber ab. Am 28. Juli erklärte Österreich-Ungarn daraufhin Serbien den Krieg. Einen Tag später begann Russland mit der Mobilisierung seiner Armee.

Das Kalkül Bethmann Hollwegs und des Kaisers, den Konflikt nach Möglichkeit zu begrenzen, war gescheitert. Beide bemühten sich jetzt jedoch noch, die Eskalationsspirale hin zu einem großen Krieg zu unterbrechen. Wilhelm II. kontaktierte seinen Vetter, den Zaren. Bethmann Hollweg forderte die Wiener Regierung auf, den Angriff auf Serbien einzustellen oder zumindest zu begrenzen. Gleichzeitig schaltete sich Großbritannien, das bisher ebenfalls keine ernsthaften Anstalten unternommen hatte, Russland zurückzuhalten, mit Vermittlungsvorschlägen ein. Einen Moment lang schien sich eine deutsch-britische Initiative zu einer diplomatischen Konferenzlösung der Krise abzuzeichnen. Doch am Abend des 30. Juli gab die russische Regierung den Befehl zur Generalmobilmachung.

Zum Automatismus der Allianzen kam spätestens damit ein fataler Automatismus der militärischen Planungen hinzu. Die österreichischen Militärs wollten den Angriff auf Serbien nicht stoppen oder begrenzen, weil sie fürchteten, dann angesichts der russischen Mobilmachung ins Hintertreffen zu geraten. Den Planungen des deutschen Generalstabs lag die fixe Idee zugrunde, im Kriegsfall sofort durch Belgien und Luxemburg nach Frankreich einfallen und dieses besiegen zu müssen, bevor die vermeintlich schwerfällige russische Armee operationsbereit sei. All diese Pläne basierten auf falschen Annahmen: Die Serben vermochten ihr Gebiet allein gegen die Österreicher zu verteidigen; Russland mobilisierte wesentlich schneller als erwartet;

und die Verletzung der belgischen Neutralität brachte Deutschland keinen schnellen Sieg über Frankreich, diente dafür aber Großbritannien zur Rechtfertigung seines Kriegseintritts.

Jetzt rächte sich, dass im Deutschen Reich das Militär der Kontrolle des Parlaments entzogen blieb. In Berlin konnte deshalb, wie auch in Wien und Sankt Petersburg, die Armeeführung unter dem Deckmantel der «kaiserlichen Kommandogewalt» das Gesetz des Handelns an sich reißen. Alle diplomatischen Vermittlungsversuche, die Bethmann Hollweg und selbst der Kaiser noch unternahmen, wurden dadurch konterkariert. Nicht zufällig waren es die parlamentarisch regierten Mächte Frankreich und Großbritannien, die zuletzt von der Eskalationsspirale erfasst wurden. Zwar hatten beide schon vorher militärische Vorbereitungen getroffen. Doch es waren die deutsche Kriegserklärung an Frankreich am 3. August 1914 und die gleichzeitige Verletzung der belgischen Neutralität durch das Deutsche Reich, von Großbritannien am nächsten Tag mit der Kriegserklärung beantwortet, die schließlich aus dem Konflikt auf dem Balkan einen europäischen und Weltkrieg machten.

Legitimitätskrise im Krieg

Wie in allen am Krieg beteiligten Ländern hatten auch in Deutschland die meisten Menschen den Eindruck, sich in einem von außen aufgezwungenen Verteidigungskrieg zu befinden. Selbst die Sozialdemokratie stimmte deshalb im Reichstag am 4. August 1914 für die Kriegskredite. Überschwänglich konnte Wilhelm II. verkünden, er kenne keine Parteien mehr, sondern nur noch Deutsche. Eine allgemeine Kriegsbegeisterung, wie sie in dem Wort vom nationalen «Augusterlebnis» beschworen wurde, gab es freilich nicht. Die Reaktionen auf den Beginn der Feindseligkeiten waren vielmehr ausgesprochen unterschiedlich. Sie reichten von lautstarker Siegeseuphorie bis zu stummer Resignation und Akzeptanz des scheinbar Unvermeidlichen.

Die alle Parteien umfassende nationale Solidarität fand ihren institutionellen Ausdruck im sogenannten Burgfrieden: Wahlen und Wahlkämpfe wurden bis zum Ende des Krieges ausgesetzt.

Die Gewerkschaften verkündeten einen Verzicht auf Streiks. Der Reichstag vertagte sich auf unbestimmte Zeit. In den nächsten Jahren trat das Parlament nur noch selten zusammen. Mit der Verhängung des Kriegszustandes übernahmen die Militärs einen Großteil der laufenden Verwaltungsgeschäfte.

Oberflächlich betrachtet, verlief der Krieg gut für das Deutsche Reich – oder jedenfalls besser als für seine Gegner. Deutsche Truppen standen nach wenigen Wochen unmittelbar vor Paris. Obwohl sie sich dann wieder zurückziehen mussten, wurde im Westen bis Kriegsende fast ausschließlich auf französischem und belgischem Gebiet gekämpft. Im Osten drangen Deutschland und Österreich-Ungarn nach einer anfänglichen Offensive der russischen Armee seit 1915 weit in das Gebiet des Zarenreichs vor. Mit Hilfe Bulgariens, das im gleichen Jahr auf ihrer Seite in den Krieg eintrat, eroberten die Mittelmächte auch nahezu ganz Serbien. Selbst die Verstärkung der Gegner durch Italien und Rumänien führte zu keinem dauerhaften Rückschlag, sondern sogar zur Besetzung von Teilen rumänischen und italienischen Gebiets. Unter den Verbündeten Deutschlands befand sich allein das Osmanische Reich in einer Verteidigungsstellung, konnte sich aber behaupten. Selbst einigen der in Afrika gegen eine große Übermacht kämpfenden deutschen Kolonialtruppen gelang das noch.

Der Schein trog jedoch. Der deutsche Generalstab sah 1916 keine Möglichkeit mehr, den Krieg in absehbarer Zeit mit einem Sieg zu beenden. Daran konnte auch die Übernahme der Obersten Heeresleitung durch Paul von Hindenburg, bisher Befehlshaber an der Ostfront, und dessen Stabschef Erich Ludendorff im Sommer des Jahres nichts ändern. Der Öffentlichkeit im Reich blieb allerdings durch eine scharfe Zensur jede realistische Beurteilung der Lage verwehrt. Vertreter der Parteien von den Konservativen bis hin zu Teilen der Linksliberalen berauschten sich an wahnwitzigen Kriegszielfantasien. Zwei Jahre nach Kriegsbeginn hielt der im August 1914 zwischen den Parteien etablierte «Burgfrieden» immer noch weitgehend. Nur ein knappes Fünftel der sozialdemokratischen Reichstagsabgeordneten hatte sich mittlerweile gegen eine Fortsetzung des Krieges gewandt.

An der Basis der Gesellschaft war die nationale Einheit allerdings deutlich weniger spürbar als in den politischen Eliten. Schon ab dem Herbst 1915 kam es vor allem in den Städten zu Krawallen und Demonstrationen wegen unzureichender Versorgung mit Grundnahrungsmitteln. Die soziale Sprengkraft des bereits vor 1914 bestehenden Gegensatzes zwischen Verbrauchern und Erzeugern von Agrarprodukten potenzierte sich in der Mangelsituation des Krieges. Und nicht nur das. Angesichts der im Krieg praktizierten Verwaltung des Mangels durch staatliche Ernährungsämter richtete sich die Erbitterung der Konsumentenmassen nun auch immer mehr gegen den Staat und seine Repräsentanten. Die staatliche Kriegswirtschaft mit ihren Reglementierungen und Beschlagnahmungen im Agrarsektor brachte aber auch die Landwirte auf. Regierungen und Fürsten des Reiches wie der Einzelstaaten erlitten dadurch einen schleichenden Legitimitätsverlust.

Hauptursache des Mangels war die Seeblockade, die Großbritannien bei Kriegsausbruch über Deutschland verhängt hatte. Das Deutsche Reich war auf Lebensmittelimporte angewiesen. Angesichts der relativen Schwäche der eigenen Flotte lag seine einzige Hoffnung, die Blockade zu brechen, im U-Boot-Krieg. Die Admiralität spekulierte sogar darauf, mit U-Booten den Spieß umdrehen und das ebenfalls von Nahrungsmittellieferungen aus Übersee abhängige Großbritannien aushungern zu können. Voraussetzung dafür war allerdings die Versenkung von Schiffen auch neutraler Länder. Einen solchen unbegrenzten U-Boot-Krieg hatte Deutschland 1915 bereits betrieben, aber nach Protesten der USA wieder eingestellt, um nicht deren Kriegseintritt auf Seiten der Gegner zu provozieren.

Im dritten Kriegswinter 1916/17 verschlechterte sich die Versorgungslage im Deutschen Reich gravierend. Dadurch verschärften sich nicht nur die Hungerunruhen und Proteste gegen die staatliche Kriegswirtschaft. Der «Steckrübenwinter» sah auch erste Massenstreiks in Rüstungsindustrien: Arbeiter brachen den wirtschaftlichen «Burgfrieden», um sich durch Lohnerhöhungen wenigstens eine bessere Position auf dem boomenden Schwarzmarkt für Lebensmittel zu verschaffen. Unter

Beamten und anderen Gehaltsempfängern, denen diese Möglichkeit weitgehend verwehrt war, schrumpfte derweil die Loyalität dem Staat gegenüber erst recht zusammen.

Anfang 1917 verlangte Hindenburg kategorisch die Wiederaufnahme des unbegrenzten U-Boot-Krieges. Der Kaiser, theoretisch der Obersten Heeresleitung übergeordnet, tatsächlich aber mehr und mehr ein Spielball anderer Akteure geworden, schloss sich an. Auch die Mehrheit der Parteien, die sich mit dem in Permanenz tagenden Hauptausschuss des Reichstages eine arbeitsfähige Vertretung geschaffen hatten, vertraute auf Hindenburgs militärischen Sachverstand. Bethmann Hollwegs Einspruch verhallte wirkungslos. Ohne Rückhalt einer Parlamentsmehrheit vermochte der Reichskanzler den Militärs nicht Paroli zu bieten. Im Februar begann der unbegrenzte U-Boot-Krieg erneut. Die USA brachen daraufhin die diplomatischen Beziehungen zum Deutschen Reich ab. Im April 1917 traten sie in den Krieg ein und verstärkten die bereits imposante Phalanx der Gegner entscheidend.

Währenddessen hatte in Russland eine Revolution die autokratische Herrschaft des Zaren hinweggefegt. Vor dem Hintergrund der Hungerunruhen und Streiks in Deutschland befürchteten die Vertreter der Parteien ein Überspringen der revolutionären Bewegung. Um dem vorzubeugen, forderten Sozialdemokraten und Liberale mit teilweiser Unterstützung des Zentrums ein umfangreiches politisches Reformprogramm: stärkerer Einfluss des Parlaments auf die Reichsleitung, Abschaffung des Dreiklassenwahlrechts in Preußen und Reform des Zuschnitts der Reichstagswahlkreise zugunsten der Städte, um den Unmut der Verbrauchermassen dort zumindest politisch abzufedern. Bethmann Hollweg versprach, sich dafür einzusetzen. Angesichts von konservativem Widerstand im Bundesrat, in Preußen und am Hof konnte er den Kaiser aber nur dazu bewegen, vage Versprechungen für die Zeit nach dem Krieg zu machen.

Dann überstürzten sich die Ereignisse. Mitte April 1917 brach eine gegen die Kürzung von Lebensmittelrationen gerichtete beispiellose Streikwelle los. Eine kurz zuvor aus der Minderheit sozialdemokratischer Linksabweichler, die 1915 und 1916 die Kriegskredite verweigert hatten, gebildete Unabhängige Sozialdemokratische Partei erhielt großen Zulauf. Um den Abweichlern den Wind aus den Segeln zu nehmen, verlangte die Mehrheits-SPD daraufhin sofortige innere Reformen. Sie verband diese Forderung mit der nach einem Verständigungsfrieden «ohne Annexionen». Die Linksliberalen und auch das Zentrum schlossen sich an, nachdem der Zentrumspolitiker Matthias Erzberger im Hauptausschuss des Reichstags nachgewiesen hatte, dass der U-Boot-Krieg weitgehend wirkungslos blieb, die Versorgung der Bevölkerung mit Lebensmitteln sich also in absehbarer Zeit nicht bessern würde.

Dieser Vorstoß zur Beendigung des Krieges durch einen Kompromissfrieden, bevor die Erosion der Legitimität des Kaiserreichs in der Bevölkerung angesichts der Versorgungslage einen kritischen Grad erreichte, überschnitt sich jedoch mit einer anderen Initiative. Entstanden in konservativen Kreisen um den Kronprinzen, zielte sie darauf ab, stattdessen Bethmann Hollweg zum Sündenbock zu stempeln. Hindenburg und Ludendorff unterstützten den Vorschlag, die Entlassung des Reichskanzlers zu erzwingen, sofort. Auch Nationalliberale und Zentrum konnten dafür gewonnen werden. Die Motive der Beteiligten waren ausgesprochen widersprüchlich: Den Konservativen und der Obersten Heeresleitung ging Bethmann Hollwegs Bereitschaft zu inneren Reformen zu weit; den Nationalliberalen ging sie nicht weit genug; Erzberger und das Zentrum störte vor allem ein zu geringes Engagement des Kanzlers für die Friedensinitiative.

Wilhelm II., der Bethmann Hollweg nicht entlassen wollte, fügte sich schließlich dem vereinten Druck von Reichstagsmehrheit und militärischer Führung. Im Juli 1917 musste der Kanzler gehen. Weil seine Gegner sich aber nicht darauf einigten, wer Bethmann ersetzen sollte, blieb es wie schon 1909 wieder dem Kaiser überlassen, den Nachfolger auszusuchen. Auch die Reichstagsmehrheit machte keine Vorschläge.

Das war bezeichnend für die nach wie vor ambivalente Einstellung der meisten Parteien zum Parlamentarismus. Nationalliberale und Zentrum wollten zwar mehr Einfluss des Reichstags, aber keine Regierungsverantwortung tragen. Selbst die SPD, der die fundamentaloppositionelle Konkurrenz der Unabhängigen Sozialdemokraten im Nacken saß, scheute davor zurück. Sie war allenfalls dazu bereit, ein Parteimitglied als Unterstaatssekretär ins Reichsernährungsamt zu entsenden. Politiker der Mittelparteien wurden Reichsstaatssekretäre und preußische Minister. Ihre Reichstagsmandate mussten sie dafür aber weiterhin niederlegen. Zum Kanzler ernannte Wilhelm II. den Bürokraten Georg Michaelis, der sich als Ernährungskommissar in Preußen auf dem zentralen Gebiet der Kriegswirtschaft einen guten Namen gemacht hatte.

Wenige Monate später zeigte sich, dass mittlerweile gegen eine Reichstagsmehrheit zwar kein Kanzler mehr regieren konnte, die Mehrheit der Parteien aber immer noch nicht zu konstruktiver Mitarbeit bereit war. Weil Michaelis ganz im Sinn der Obersten Heeresleitung die vom Parlament verabschiedete Friedensresolution ignorierte, stellten die Sozialdemokraten im Oktober 1917 ein Misstrauensvotum gegen ihn. Alle anderen Parteien mit Ausnahme der Konservativen schlossen sich an. Doch diese jetzt in einem Interfraktionellen Ausschuss eng zusammenarbeitende Mehrheit war im Wesentlichen nur einig darüber, was sie nicht wollte. Als positives Ziel strebten die Nationalliberalen vor allem eine Wahlrechtsreform in Preußen an, das Zentrum eher Fortschritte in der Friedensfrage. Die Sozialdemokraten wollten beides. Nur die linksliberale Fortschrittliche Volkspartei trat ohne Wenn und Aber für das parlamentarische Regierungssystem ein.

Oberste Heeresleitung und Konservative lehnten innere Reformen dagegen ebenso entschieden ab wie Friedensverhandlungen. Sie förderten die Gründung einer «Deutschen Vaterlandspartei», die außerhalb des Parlaments seit Herbst 1917 für einen «Siegfrieden» agitierte und auch unter Nationalliberalen Anhänger fand. Politische Rechte und Militärs konnten nach dem Sturz von Michaelis allerdings ebenso wenig dessen Nachfolger bestimmen, wie die Reichstagsmehrheit der Mitte und der Linken das wollte. Der Kaiser ernannte schließlich den Zentrumspolitiker Graf Georg von Hertling, dem auf Drängen des Interfraktionellen Ausschusses der Linksliberale Friedrich Payer als Vizekanzler zur Seite gestellt wurde.

Weder diese «halbparlamentarische Regierung» noch die sie tragende Reichstagsmehrheit drängte während der nächsten Monate energisch auf Friedensverhandlungen oder innenpolitische Reformen. Denn zu der inneren Uneinigkeit kam jetzt eine veränderte äußere Konstellation hinzu, die den aus der Gesellschaft auf die Parteieliten ausgehenden Druck verringerte. Eine Woche nach Hertlings Amtsantritt als Reichskanzler übernahmen in Sankt Petersburg die Bolschewiki die Macht. Russland versank in einem Bürgerkrieg; das russische Heer löste sich auf. Die neuen Machthaber am ehemaligen Zarenhof erklärten sich zu einem Frieden bereit, dessen Bedingungen Deutschland und seine Verbündeten weitgehend diktieren konnten. Angesichts der im Osten militärisch kontrollierten riesigen Gebiete keimten Hoffnungen auf, die Versorgung mit Nahrungsmitteln von dort decken zu können. Und der Glaube an die Möglichkeit eines Sieges auch im Westen, der schon weitgehend verloren gegangen war, erhielt neuen Auftrieb.

Der Separatfriede von Brest-Litowsk mit Russland, im März 1918 abgeschlossen, ermöglichte die Verlegung großer Truppenkontingente an die Westfront. Noch im gleichen Monat befahl die Oberste Heeresleitung eine großangelegte Offensive in Frankreich. Hindenburg und Ludendorff wollten eine Entscheidung im Westen erzwingen, noch ehe amerikanische Soldaten die Reihen der Gegner massiv verstärkten. Bis August 1918 rückten die deutschen Truppen auf breiter Front Dutzende von Kilometern vor. Dann starteten die Alliierten eine Gegenoffensive. Aus dem zähen deutschen Vormarsch wurde ein immer schnellerer Rückzug. Befehlsverweigerungen häuften sich. Währenddessen brachen auch in Griechenland gelandete britische Truppen auf dem Balkan durch die Stellungen der Mittelmächte. Mitte September machte Österreich-Ungarn daraufhin den Gegnern ein Friedensangebot. Ende des Monats nahm ein weiterer deutscher Verbündeter, Bulgarien, Waffenstillstandsverhandlungen auf. Das Osmanische Reich begann zu zerfallen.

In Deutschland wurde die große Mehrheit der Bevölkerung und der politischen Eliten jäh aus allen Blütenträumen von einem grandiosen Sieg geweckt. Während man sich in der Obersten Heeresleitung noch der Illusion hingab, aus einer «strategischen Defensive» heraus vielleicht doch den Krieg weiterführen zu können, wurde den Führern von Zentrums- und Fortschrittlicher Volkspartei jetzt schlagartig klar, dass Weiterkämpfen jeden Sinn verloren hatte. Einen fünften Kriegswinter zu riskieren hieß zudem, die Revolution zu provozieren, da die Hoffnungen auf substantielle Verbesserung der Versorgungslage durch Einfuhren aus Russland sich nicht erfüllten. Die Erosion des Vertrauens in das bestehende politische System des Kaiserreichs und dessen Repräsentanten war in der Bevölkerung so weit fortgeschritten, dass ein grundlegender Systemwechsel als unumgängliche Voraussetzung für die Erhaltung innerer Stabilität erschien. Linksliberale und Zentrumsführung traten deshalb Ende September 1918 auf die Seite der Sozialdemokraten, die sich schon zwei Wochen vorher zu der Forderung nach konsequenter Parlamentarisierung und Demokratisierung in Reich wie Einzelstaaten durchgerungen hatten.

Zudem waren seit dem Ausscheiden Russlands alle Kriegsgegner parlamentarisch regierte Demokratien. Konnte da ein parlamentarisiertes Deutsches Reich nicht auf bessere Friedensbedingungen hoffen? Erwartungen in dieser Hinsicht knüpften sich vor allem an Erklärungen des amerikanischen Präsidenten Wilson. Selbst Hindenburg und Ludendorff stellten sich Parlamentarisierung und Waffenstillstandsverhandlungen zunächst nicht entgegen, ja regten sie sogar an. Dahinter stand bei den Militärs nicht zuletzt das Kalkül, die Verantwortung für die Niederlage auf die Parlamentarier der sich bildenden Mitte-links-Koalition abzuschieben. Nach dem Rücktritt des auf dem rechten Zentrumsflügel beheimateten und mit konservativen Positionen sympathisierenden Hertling, der die umfassende Reformagenda der Koalition nicht als Reichskanzler durchsetzen wollte, scheute sein linksliberaler Stellvertreter Payer auch deswegen die ihm angetragene Nachfolge. Kanzler wurde Anfang Oktober schließlich Prinz Max von Baden, ein Mann mit liberalem Ruf, der nach außen hin aber noch als Repräsentant der alten Ordnung erscheinen konnte.

Die Regierung des Prinzen, in der bereits führende Parlamentarier des Zentrums, der Fortschrittlichen Volkspartei und der SPD entscheidende Positionen als Staatssekretäre ohne besonderen Geschäftsbereich ausfüllten, verwirklichte innerhalb weniger Wochen eine Reihe einschneidender Reformen, um die seit Jahrzehnten gerungen worden war. Am 26. Oktober verabschiedete der Reichstag zwei Gesetze, mit denen der Kaiser dem Kanzler und dieser dem Parlament verantwortlich gemacht wurde. Die militärische Kommandogewalt des Kaisers sollte in Zukunft teilweise parlamentarisch kontrolliert, Friedensschlüsse und Kriegserklärungen nicht mehr ohne Zustimmung von Reichstag und Bundesrat möglich sein. Einige Tage vorher hatte der Landtag in Preußen der Einführung des gleichen Wahlrechts dort zugestimmt. Die seit 1871 geltende ungleiche Einteilung der Wahlkreise zum Reichstag, die ländliche Wähler privilegierte und städtische diskriminierte, war bereits vorher aufgehoben worden.

Das Ende des Kaiserreichs

Kurz vor seinem Ende verwandelte das Reich sich so in eine parlamentarische Monarchie. Doch nicht nur war dieser Wandel Ende Oktober 1918 unvollständig. Der wichtigste Bundesstaat, Preußen, stand zwar an der Schwelle zur Demokratisierung, aber noch vor der Parlamentarisierung. Die Stellung des Bundesrats blieb unklar definiert. Und mit Blick auf den wichtigsten Machtfaktor, das Militär, stand die parlamentarische Kontrolle einstweilen allenfalls auf dem Papier. Der Wandel war insofern einer auf Widerruf.

Das zeichnete sich schon ab, als die auf Drängen der Obersten Heeresleitung eingeleiteten Verhandlungen über einen Waffenstillstand nicht das von Hindenburg und Ludendorff erhoffte Ergebnis brachten. Was die Kriegsgegner forderten, lief stattdessen immer klarer auf eine faktische Kapitulation des Deutschen Reiches hinaus. Vor allem Ludendorff erklärte daraufhin plötzlich, die «soldatische Ehre» gebiete in diesem Fall einen «Endkampf bis zum Äußersten». Zwischen Heeresleitung und parlamentarischer Reichsregierung, die eine solche Harakiri-Politik entschieden ablehnte, kam es zum Machtkampf. Bezeichnenderweise wurde dieser durch den Kaiser entschieden, der sich auf die Seite der Regierung stellte und Ludendorff am 26. Oktober entließ.

Die eigentliche Probe aufs Exempel stand danach allerdings noch aus. Denn die siegreichen Westmächte hatten klargemacht, dass sie nicht mit einem von Wilhelm II. regierten Deutschen Reich Frieden schließen wollten. Zudem war Wilhelm auch im Inland zum Symbol des verhassten alten Systems geworden, das seine Legitimität bei der großen Mehrheit der Bevölkerung völlig verloren hatte. Um wenigstens die Institution der Monarchie zu retten, hätte der Kaiser abdanken müssen. Doch er weigerte sich. Stattdessen reiste er am 29. Oktober nach Spa an der belgischen Grenze, ins Hauptquartier der Obersten Heeresleitung. Dort schmiedete er mit Hindenburg und den anderen Generälen Pläne, an der Spitze der Armee nach Berlin zu ziehen und seine Herrschaft wiederaufzurichten.

Monarch und konservative Armeeführer waren zudem nicht die einzigen Vertreter der alten Gewalten, die keineswegs kampflos aufgeben wollten. Die Leitung der deutschen Flotte, die seit mehr als zwei Jahren kaum mehr einen Schuss abgefeuert hatte, befahl ebenfalls am 29. Oktober das Auslaufen der Schiffe zu einer letzten Schlacht. Ein altmodischer Ehrenkodex spielte dafür die wichtigste Rolle; mit der parlamentarischen Regierung war der Befehl nicht abgestimmt. Viele Matrosen, kriegsmüde wie die Masse der Bevölkerung, verweigerten sich. Die Flotte lief nicht aus. Die Anstifter der Befehlsverweigerung wurden in Kiel inhaftiert, am 3. November aber von revoltierenden Kameraden und Werftarbeitern befreit. Sozialdemokraten stellten sich mehr oder weniger freiwillig an die Spitze der Revolte, versuchten sie zu kanalisieren.

Doch innerhalb weniger Tage breiteten sich die Unruhen in ganz Deutschland aus, kam es zu Streiks in Fabriken und Meutereien von Einheiten des Heimatheeres, bildeten sich überall

Arbeiter- und Soldatenräte, die anstelle der staatlichen Organe die Herrschaft übernahmen. Aus der Revolte wurde eine Revolution. Die Mehrheitssozialdemokraten forderten jetzt ultimativ die Parlamentarisierung Preußens und den Rücktritt des Kaisers. Wilhelm II. weigerte sich immer noch und wollte stattdessen mit dem Frontheer die Revolution in der Heimat niederschlagen. Doch das war nicht mehr möglich, die Oberste Heeresleitung hatte die Kontrolle über die meisten Soldaten verloren.

Reichskanzler Max von Baden versuchte das Kaisertum zu retten, indem er am Mittag des 9. November eigenmächtig in Berlin den Thronverzicht von Wilhelm verkündete, ohne von diesem dazu ermächtigt worden zu sein, und übergab sein Amt an den SPD-Vorsitzenden Friedrich Ebert. Auch Ebert wollte die Monarchie gerne als repräsentative Institution bewahren. Doch sein Parteifreund Philipp Scheidemann bewies mehr politisches Gespür. In einer Ansprache von einem Balkon des Reichstagsgebäudes erklärte er Deutschland zur Republik. Scheidemann war zudem nicht der Einzige, der das tat. Zwei Stunden später rief auch der unabhängige Sozialdemokrat Karl Liebknecht vor dem Charlottenburger Schloss die Republik aus. Einen Tag zuvor war das Gleiche schon in München geschehen. Die begeisterte Reaktion der Zuhörer zeigte jeweils, dass es dazu in der Tat keine Alternative mehr gab.

Die Revolution war dennoch nicht überflüssig. Denn das Vorgehen der Seekriegsleitung, des Kaisers und der Obersten Heeresleitung Ende Oktober und Anfang November 1918 demonstrierten, dass die alten Gewalten nicht willens waren, freiwillig abzutreten. Doch dabei überschätzten sie heillos den Rückhalt, den sie in der Gesellschaft noch besaßen. Das Tempo, mit dem die Herrschaft der Fürsten und regierenden Aristokratie nicht nur im Reich, sondern auch in den Einzelstaaten nun wie ein Kartenhaus in sich zusammenstürzte, illustriert das Ausmaß der Erosion ihrer Legitimität. Diese war schon vor 1914 angesichts von wachsendem politischen Interesse in der Bevölkerung, Verstädterung und Industrialisierung spürbar. Im Krieg beschleunigte sie sich immer mehr, um schließlich in der Gewissheit der Niederlage auf einen Schlag offenbar zu werden.

Das Kaiserreich hörte schließlich nicht auf zu existieren, weil ein Scheidemann oder ein Liebknecht sein Ende verkündeten. Es hörte auf zu existieren, weil ihm kaum jemand noch eine Träne nachweinte.

7. Deutschland 1918 – ein Blick zurück, ein Blick voraus

Die Bewährungsprobe des Nationalstaats

Nicht wenige Zeitgenossen glaubten 1918, mit dem Ende des Kaiserreichs habe auch die letzte Stunde des deutschen Nationalstaats geschlagen. Das Deutsche Reich, so eine im In- und Ausland weitverbreitete Erwartung, werde sich knapp fünfzig Jahre nach seiner Vereinigung wieder in seine Bestandteile auflösen. Schließlich geschah das auch mit den anderen Verlierern des Ersten Weltkriegs, die an dessen Ende in Revolutionen versanken: mit Österreich-Ungarn, dem Osmanischen und dem Zarenreich. Dabei konnten diese Staaten auf eine wesentliche längere gemeinsame Geschichte zurückblicken.

Tatsächlich gab es 1918 manche Anzeichen dafür, dass eine Auflösung des Deutschen Reiches unmittelbar bevorzustehen schien. In München war noch vor der Revolution in Berlin ein «Freistaat Bayern» als Republik ausgerufen worden. Kurt Eisner, der erste Ministerpräsident des Freistaats, war bekennender Separatist: Er wollte Bayern vom Reich lösen und es mit Teilen Österreich-Ungarns in einer Donauföderation verbinden. In ganz Süddeutschland wurde die Revolution von lautstarken Ressentiments gegen die Berliner Zentralregierung und Preußen begleitet. Auch im Westen Deutschlands entstand bald darauf eine separatistische Bewegung. Besonders auf der linken Rheinseite, seit dem Waffenstillstand von den Siegermächten besetzt, wurden eine Anlehnung an diese und eine Lösung vom Reich proklamiert.

Während der nächsten fünf Jahre flackerte der Separatismus

immer wieder auf. Das Deutsche Reich wurde gebeutelt von der Hypothek der Kriegsschulden, den Reparationen an die Siegermächte, einer bis 1923 immer schwindelndere Höhen erreichenden Inflation und den unvermeidlichen ökonomischen Krisensymptomen, die mit der Umstellung auf eine Friedenswirtschaft nach dem zerstörerischen Krieg einhergingen. Lag es da nicht nahe, dass Bayern und andere süddeutsche Länder wieder eigene Wege gingen wie vor 1871? Dass der katholische Westen sich abspaltete von der Konkursmasse des Deutschen Reiches, um sein Heil in einer Orientierung am siegreichen Frankreich zu suchen? Bis letzten Endes nur ein protestantisches Rumpfreich im Norden und Osten, im Wesentlichen bestehend aus den altpreußischen Provinzen, übrig bleiben würde?

Nichts davon geschah. Der rheinische Separatismus blieb selbst mit massiver Unterstützung durch Frankreich nur ein Mauerblümchen, und der Abzug der französischen Besatzungstruppen entzog ihm jeden Wurzelgrund. Die Süddeutschen und vor allem die Bayern pflegten zwar weiterhin ihr Sonderbewusstsein, gingen auch weiter manche Sonderwege. Die Zugehörigkeit zum deutschen Nationalstaat wurde jedoch südlich des Mains seit 1918 tatsächlich weit weniger in Frage gestellt als zuvor.

Am Ende des Kaiserreichs bildete Deutschland mehr eine Nation, als es das jemals gewesen war. Das hatte viele Gründe. Einer war die Verkleinerung seines Territoriums. Mit dem Friedensvertrag von Versailles, der die Niederlage im Ersten Weltkrieg besiegelte, verlor das Deutsche Reich neben seinen Kolonien auch die Gebiete mit mehrheitlich polnischsprachiger Bevölkerung im Osten und das überwiegend von Dänen bewohnte Nordschleswig. Elsass-Lothringen ging an Frankreich zurück. Die Zahl der «Gastarbeiter» aus benachbarten Staaten, die vor dem Krieg beträchtlich gewesen war, nahm angesichts von Inflation und Wirtschaftskrise rapide ab. In ethnischer Hinsicht wurde die Reichsbevölkerung damit nach 1918 wesentlich homogener als vorher.

Vor allem aber war die Nation gefühlt wichtiger geworden. Auch das hing nicht zuletzt mit den vielfältigen Wirkungen des

Krieges zusammen. Die intensivierte nationale Propaganda, die zwischen 1914 und 1918 auf die Bevölkerung einprasselte, und die gemeinsamen Kriegserlebnisse wirkten trotz, ja teilweise gerade wegen der Niederlage nach. Doch schon in den Jahren vor 1914 hatte das Deutsche Reich in den Augen seiner Bewohner wesentlich mehr den Charakter eines Nationalstaats angenommen als noch 1871. Verantwortlich dafür war eine lange Reihe von Entwicklungen und Institutionen, die wechselseitig verstärkend als Agenten einer Nationalisierung gewirkt hatten.

Der rasante Ausbau von Transport- und Kommunikationswesen ließ Deutschland bereits in den ersten Jahren nach der Reichsgründung zusammenwachsen. Das galt selbst dann, wenn die Mittel dafür teilweise in der Regie der Einzelstaaten verblieben waren, wie bei Eisenbahn und Post. Denn ob Einheitsporto oder Briefformate, Tarifvereinheitlichung oder Koordination des Netzausbaus: Sachzwänge wirkten ebenso wie Expansion und Profilierungsdrang zentraler Bürokratien nicht nur national homogenisierend. Sie veränderten letztlich auch kognitive Landkarten in den Köpfen der Menschen.

Das Gleiche gilt für die Vereinheitlichung der Rechtssysteme, die in den 1870er Jahren begann, aber nicht vor dem Inkrafttreten des Bürgerlichen Gesetzbuchs 1900 abgeschlossen war. Sie wirkte ebenso national integrierend wie die in den 1880er Jahren begründete Sozialversicherung und die zu deren Verwaltung geschaffenen Institutionen – ob in der realen Welt der Arbeitsstätten und Amtsstuben oder der mentalen. Und natürlich galt Gleiches auch für die «Schule der Nation» – die allgemeine Wehrpflicht.

Von noch größerer Bedeutung für den Prozess der nationalen Integration war die allgemeine Schulpflicht. Denn die Volksschulen erfassten außer der männlichen auch die weibliche Hälfte der Bevölkerung, die für eine Weitergabe kognitiver Landkarten durch die Generationen eine noch wichtigere Rolle spielte. Die Schulen verbreiteten in wenigen Jahrzehnten nicht nur eine einheitliche, standardisierte deutsche Hochsprache in verschiedenen Regionen des Reiches, deren Bewohner sich noch 1871 kaum miteinander verständigen konnten. Sie spielten auch eine zentrale Rolle bei der Etablierung und Transformierung von Heimatbildern in den Köpfen. Einzelstaatliche Identitäten wurden dabei mit der des Reiches verschmolzen, Regionales statt in Konkurrenz als komplementär zu Nationalem konstruiert.

Die Schulen trugen ebenfalls zu dem Kult um nationale Symbole bei, die seit 1871 den Prozess der Nationalisierung begleiteten und vertieften. Dazu zählt die Glorifizierung der «Einigungskriege» von 1864, 1866 und insbesondere 1870/71 in Denkmälern, Gedenkfeiern, Jahrestagen und den Kriegervereinen mit ihren Millionen von Mitgliedern. Verbunden damit war die Verehrung der «Reichsgründer» Bismarck und Wilhelm I., die nach dem Tod des ersten Kaisers und der Entlassung des ersten Reichskanzlers geradezu religiöse Züge annahm. Dazu gehört auch die historische Konstruktion einer «nationalen Mission» der Hohenzollerndynastie – die umso stärker in die Vergangenheit projiziert wurde, je mehr Wilhelm II. das Ansehen ihres gegenwärtigen Repräsentanten selbst demontierte.

Kaum zu überschätzen ist schließlich die Funktion des Reichstags als nationales Symbol und Vehikel der Nationalisierung. Parallel zur Selbstdemontage des Kaisertums gewann das Parlament in der wilhelminischen Zeit zusehends an Ansehen. Die Wahlbeteiligung stieg schubweise an: Von gerade einmal 50 Prozent im Jahr 1871 auf schließlich weit über 80 Prozent in den letzten Reichstagswahlen nach der Jahrhundertwende. Doch schon vor 1890 war der Reichstag zum wichtigsten Forum geworden, in dem die Nation sich repräsentiert sah und über sich selbst verständigte – ganz entgegen den Intentionen der konservativen Eliten um Bismarck, der diese Funktion mit der Verfassung von 1871 eigentlich dem Bundesrat zugedacht hatte. Während der Bundesrat in der Gesellschaft kaum Interesse auf sich zog, genossen die öffentlichen Verhandlungen des Reichstagsplenums eine ungeheure Aufmerksamkeit. Parlamentsdebatten waren allgemeines Tagesgespräch. Sie bewegten die Menschen des Kaiserreichs in einem Ausmaß, das heute kaum noch vorstellbar ist.

An Entwicklungen im Parlament ließ sich denn auch die

wachsende nationale Integration jener gesellschaftlichen Gruppen am deutlichsten ablesen, die dem neuen Nationalstaat 1871 noch ablehnend gegenüberstanden. War die Mehrheit der preußischen Konservativen zunächst auf Distanz zur Reichsgründung geblieben, signalisierte die Gründung der Deutschkonservativen Partei während der späten 1870er Jahre ihre Annäherung an die nationale Idee. Parteien, die Bismarck noch als «Reichsfeinde» bekämpft hatte, wuchsen eine nach der anderen in die Nation hinein. Der politische Katholizismus wurde nach der Beendigung des Kulturkampfs ab den 1880er und vollends seit den 1890er Jahren Träger des nationalen Gedankens. Nach der Jahrhundertwende trug eine neue Generation von Linksliberalen Anliegen wie Flottenvorlagen und Kolonialpolitik mit. Auch die SPD gab ihre Fundamentalopposition schrittweise auf. 1914 war sie endgültig in der Nation angekommen, als sie dem «Burgfrieden» zustimmte.

Säkularisierte demokratisierte industrielle Klassengesellschaft

Wie der Partikularismus verloren auch andere der nationalen Einheit entgegenwirkende, zentrifugale Kräfte während des Kaiserreichs an Bedeutung. Der religiöse Gegensatz zwischen Katholiken und Protestanten, während der 1870er Jahre durch den «Kulturkampf» aktualisiert und radikalisiert, blieb zwar auch danach in Gesellschaft und Politik relevant. Manche Indikatoren lassen aber darauf schließen, dass er bis zum Ersten Weltkrieg an Prägekraft verlor. Die Beteiligung der Deutschen an religiösen Ritualen wie dem kirchlichen Abendmahl nahm, soweit sie statistisch erfasst wurde, vor 1914 ab. Die Berührungsängste zwischen Protestanten und Katholiken wurden offenbar geringer: Jedenfalls stieg die Zahl der Mischehen zwischen konfessionsverschiedenen Partnern an.

Vielleicht das deutlichste Zeichen für einen Rückgang religiöser Bindungen war die Entwicklung der konfessionellen Partei schlechthin, des Zentrums. Ende der 1870er Jahre stimmten mehr als 80 Prozent der katholischen Wähler für die politische

Vertretung des organisierten Katholizismus. Vor dem Ersten Weltkrieg machte dagegen nur noch gut jeder zweite Katholik sein Kreuzchen beim Zentrum. Mit dem Verblassen der Erinnerung an den «Kulturkampf» ging der Zusammenhalt des katholischen Milieus langsam verloren. Gleichzeitig fanden die ehemaligen Gegner der damaligen Auseinandersetzung, Liberale und Zentrum, immer öfter im nationalen Parlament zusammen, um gemeinsam ihre Interessen gegen die Reichsleitung durchzusetzen. Einer der letzten Reste der Kulturkampfgesetzgebung, das Verbot des Jesuitenordens in Deutschland, wurde 1917 aufgehoben. Nach 1918 nahm die politische Bindekraft der konfessionellen Milieus weiter ab: Die Mitgliederzahl konfessioneller Kampfverbände, wie des Evangelischen Bundes und des Volksvereins für das katholische Deutschland, ging deutlich zurück.

Anders als der religiöse Gegensatz zwischen Katholiken und Protestanten gewann der Gegensatz zwischen Stadt und Land im Verlauf des Kaiserreichs noch an Bedeutung. Ökonomisch und kulturell tief verankert, wurde er vor allem durch die politischen Auseinandersetzungen darüber aktualisiert, wie das Kaiserreich mit seiner wachsenden Verflechtung in globale Wirtschaftszusammenhänge umgehen sollte. Die dynamische Entwicklung von einer zunächst weitgehend ländlich-agrarischen, aber sich schnell industrialisierenden und verstädternden Gesellschaft lud diese Frage mit zusätzlichem Konfliktpotential auf. Denn sie verband sich nicht allein mit wirtschaftlichen Interessengegensätzen zwischen Stadt- und Landbevölkerung, zwischen Verbrauchern und Erzeugern von Agrarprodukten. Sie berührte auch zentrale Themen der politischen Struktur des Kaiserreichs, wie die Dominanz konservativer Agrareliten in dessen Exekutive und die Privilegierung ländlicher Kreise durch die seit 1871 unveränderte Einteilung der Reichstagswahlkreise.

Die Mobilisierung der landwirtschaftlichen Bevölkerung gegen die Zumutungen des Weltmarkts führte seit Ende der 1870er Jahre zur Errichtung hoher Zollmauern um Deutschland. Deren teilweiser Abbau unter Reichskanzler Caprivi Anfang der 1890er Jahre mobilisierte erneut die agrarischen Interessen, bis um die Jahrhundertwende weitgehend das alte Ausmaß von Schutz für die Landwirtschaft wieder erreicht worden war. Der Agrarprotektionismus provozierte jedoch zunehmend Gegenreaktionen in den wachsenden Massen der städtischen Konsumenten. Die Sozialdemokratie machte sich zum Sprachrohr der Verbraucher. Es gelang der SPD so, seit der Jahrhundertwende über ihre traditionelle Anhängerschaft unter protestantischen Industriearbeitern hinaus neue Wählerschichten zu erschließen und zur stärksten Partei im Reichstag aufzusteigen. Die Konservativen nahmen währenddessen die Züge einer agrarischen Interessenorganisation an. Parteiensystem und Gesellschaft polarisierten sich in den letzten Jahren vor dem Ersten Weltkrieg immer stärker entlang der Achse des Stadt-Land-Gegensatzes.

Der Krieg hat diesen Gegensatz wie andere anfangs mit dem Mantel des «Burgfriedens» zugedeckt, ihm aber gleichzeitig eine neue Dimension gegeben. Wegen der britischen Blockade war bald nicht mehr nur die «Teuerung» von Lebensmitteln, sondern elementarer Hunger Stein des Anstoßes. Verteilungskonflikte eskalierten nun gewaltsam. Den alten politischen Eliten gelang es nicht, eine den widerstreitenden Interessen gerecht werdende Kriegswirtschaft zu etablieren. Der Stadt-Land-Gegensatz verband sich deshalb sowohl unter Verbrauchern wie unter Landwirten mit explosiv anwachsendem Unmut gegen «die da oben». Diese Entwicklung unterminierte schrittweise die Legitimität des Kaiserreichs und trug schließlich wesentlich zur Revolution bei.

Mit der Revolution und dem Ende des Kaiserreichs verschwanden dann allerdings zentrale Ursachen für die politische Virulenz der Spannungen zwischen Stadt und Land. Die alten agrarkonservativen Eliten verloren einen Großteil ihrer Machtpositionen. Die städtische Wähler diskriminierende Einteilung der Reichstagswahlkreise wurde beseitigt und die Privilegierung der Landwirtschaft in der Steuerpolitik und anderen Bereichen größtenteils abgeschafft. Außerdem führten die elementaren Hungererfahrungen der Kriegs- und ersten Nachkriegsjahre bei den Verbrauchern zu einem Umdenken. Sichere Lebensmittelversorgung genoss nun Priorität vor niedrigen Preisen. Nach 1918 freundeten sich deshalb selbst die Sozialdemokraten mit einer Politik der Autarkie an, die auf den Schutz der heimischen Landwirtschaft setzte. Die erbittert geführten Auseinandersetzungen um Schutzzoll oder Freihandel während des Kaiserreichs gehörten in der Weimarer Republik bald der Vergangenheit an.

Von allen das Kaiserreich durchziehenden sozialen Konflikten dürfte der Klassengegensatz der einzige gewesen sein, der 1918 nicht an Bedeutung verlor. Dabei hatte er in der Reichsgründungszeit zunächst nur eine untergeordnete Rolle gespielt. Zumindest als Gegensatz zwischen Industrieproletariat und Fabrikanten war er im frühen Kaiserreich, das von Landwirtschaft, ländlichem Gewerbe und Hausindustrie geprägt war, noch wenig präsent. Der gefühlte Gegensatz von «unten» und «oben» fiel schon mehr ins Gewicht. «Unten» bezog sich allerdings nicht allein auf Arbeiter. Und «oben» umfasste in der Wahrnehmung der heterogenen Unterschichten nicht notwendigerweise nur ein kapitalistisches Großbürgertum, sondern mindestens ebenso häufig auch die alten aristokratischen Eliten.

Zwischen Reichsgründung und Erstem Weltkrieg hat Deutschland sich dann immer mehr zum Industriestaat entwickelt. Konflikte zwischen Arbeitnehmer und Arbeitgeber im Fabriksystem prägten die soziale Realität deshalb zunehmend. Die weitgehende Entmachtung der alten aristokratischen Eliten 1918 verstärkte das in der Wahrnehmung erst recht. Mit dem schnellen Verblassen des Stadt-Land-Gegensatzes und dem – langsameren – Nachlassen konfessioneller Konflikte seitdem ist das Deutsche Reich zu einer hauptsächlich vom Klassengegensatz geprägten Gesellschaft geworden. Die Weimarer Republik trug deutlich mehr den Charakter einer industriellen Klassengesellschaft als das Kaiserreich, dessen soziale Konfliktlinien wesentlich komplexer verliefen.

Andererseits: Die Integration von Arbeiterschaft und Arbeiterbewegung waren 1918 politisch und teilweise auch gesellschaftlich wesentlich ausgeprägter als noch 1871. Und sie fiel nicht vom Himmel, sondern hatte eine lange Vorgeschichte.

Während des Kaiserreichs vertieften sich in vielfacher Hinsicht die Gräben zwischen Arbeiterschaft und bürgerlicher Gesellschaft, zwischen Arbeiterbewegung und Staat. Aber es wurden auch Brücken über diese Gräben geschlagen. Bismarck blieb in den 1880er Jahren erfolglos dabei, durch Einführung der Sozialversicherung die Industriearbeiter der Sozialdemokratie abspenstig zu machen und für den Staat zu gewinnen. Doch die zur Verwaltung der Sozialleistungen geschaffenen neuen Institutionen hatten auf Arbeiter und Sozialdemokraten langfristig einen integrierenden Effekt. Zudem kooperierten bürgerliche und der SPD angehörende Sozialreformer miteinander, und als städtische Konsumenten zogen Arbeiter und Bürger politisch meist an einem Strang.

Nach 1890 rückten zunehmend größere Teile der Sozialdemokratie von der Fundamentalopposition ab, in die sie die Verfolgung während des Sozialistengesetzes gedrängt hatte. Vom allseits gemiedenen Paria des Parteiensystems wurde die SPD im späten Kaiserreich zu einem mehr und mehr akzeptierten Partner. In den letzten Jahren vor dem Ersten Weltkrieg suchten die Linksliberalen das Bündnis mit ihr. 1917 erweiterte sich diese Reformkoalition um das Zentrum. Der damit entstandene Interfraktionelle Ausschuss war die Keimzelle der späteren Weimarer Koalition. Die Zusammenarbeit von SPD mit Linksliberalismus und politischem Katholizismus verschaffte den Arbeitern noch wenige Tage vor dem Ende des Kaiserreiches die politische Gleichberechtigung in Form des gleichen Wahlrechts auch in Preußen. In Süddeutschland war sie durch Wahlrechtsreformen schon weitgehend vor dem Krieg durchgesetzt worden.

Politische Gleichberechtigung in Form des Wahlrechts erhielt nach dem Ende des Kaiserreichs auch die weibliche Hälfte der Nation. Das wird oft verkürzt dargestellt als Anerkennung von Seiten der Männer für die Arbeit, die Frauen während des Ersten Weltkrieges etwa in der Rüstungsindustrie geleistet hatten, aus der sie nach dem Waffenstillstand wieder an den heimischen Herd zurückkehrten. Tatsächlich war das Frauenwahlrecht mindestens ebenso sehr der krönende Abschluss einer lange vor dem Krieg begonnenen Kampagne der Frauenbewegung und diese wiederum das Resultat einschneidender Änderungen in Gesellschaft und Geschlechterverhältnissen des Kaiserreichs.

Der Strukturwandel Deutschlands von einer Agrar- zur Industriegesellschaft und die damit einhergehende Expansion des Bildungswesens eröffnete Frauen mit neuen Wirkungskreisen auch neues Selbstbewusstsein. Seit den 1890er Jahren war die Zahl weiblicher Abiturientinnen steil angestiegen. Nach dem Vorpreschen süddeutscher Staaten ließ auch Preußen seit 1909 Frauen zum Hochschulstudium zu. Akademikerinnen bildeten bald die kleine, aber hochgradig aktive Elite einer neuen, in allen politisch-gesellschaftlichen Milieus aktiven Frauenbewegung. Durch den Zustrom vor allem von Lehrerinnen und Büroangestellten wuchs diese zu einer Massenbewegung an und nutzte die durch das Reichsvereinsgesetz von 1908 ermöglichte politische Betätigung von Frauen nach Kräften.

Die Forderung nach dem Wahlrecht wurde zunächst lediglich von einem Teil dieser vielfältigen Bewegung vertreten und war auch lediglich ein Teil ihrer vielfältigen Aktivitäten. Sie illustriert aber nicht nur einmal mehr die Dynamik gesellschaftlicher Selbstmobilisierung im Kaiserreich. Sie veranschaulicht auch, wie diese Mobilisierungsprozesse selbst in eigentlich rückwärtsgewandten Teilen der Gesellschaft letzten Endes einen Beitrag zur Veränderung leisteten: Denn die konservativen Gruppen in der Frauenbewegung, die das Wahlrecht zunächst abgelehnt hatten, forderten es dann schließlich doch, um ein Gegengewicht gegen die Radikalisierung der Männerwelt zu etablieren. Die Einführung des Frauenwahlrechts war jedenfalls keine zwangsläufige Folge des Ersten Weltkrieges. Denn in anderen kriegführenden Staaten wie Frankreich und Italien blieb sie anders als in Deutschland aus.

Die deutsche Gesellschaft war 1918 eine weniger patriarchalische Gesellschaft als die von 1871. Und das nicht nur mit Blick auf das Verhältnis von Männern und Frauen. Die Gesellschaft des Kaiserreiches war auch schon vor der Revolution von 1918 weniger autoritär, stärker demokratisch geprägt als noch 1871. Ihre Mitglieder waren im Durchschnitt weniger religiös, säkularer. Die Gesellschaft wurde von weniger sozialen Konflikten durchzogen. Und sie war national homogener.

Kontinuitäten und Diskontinuitäten

Die deutsche Gesellschaft war 1918 hochgradig nationalistisch. Die geistige Mobilmachung während des Ersten Weltkrieges ging in allen kriegführenden Staaten mit einer Verstärkung des Nationalismus einher. In Deutschland wurde diese Entwicklung durch das Ende des Krieges, durch die Niederlage, noch einmal verstärkt. Mit Propaganda gegen den «Schmachfrieden» von Versailles gewann die radikal nationalistische NSDAP seit den späten 1920er Jahren vor dem Hintergrund der Weltwirtschaftskrise die Unterstützung eines großen Teils der deutschen Wähler. Nach ihrer Machtübernahme begannen die Nationalsozialisten sofort mit der brutalen Diskriminierung und Entrechtung der jüdischen Deutschen. Die Radikalisierung dieser antisemitischen Kampagne führte während des Zweiten Weltkriegs schließlich zum Völkermord an den Juden Europas.

Radikalnationalismus, Rassismus und Antisemitismus gab es bereits im Kaiserreich. Die Frage ist daher nicht, ob es in dieser Hinsicht Kontinuitäten zwischen Kaiserreich und «Drittem Reich» gegeben hat, sondern wie viele.

Die 1890er Jahre gelten als Inkubationszeit des Radikalnationalismus in Deutschland. Wichtigstes Sammelbecken radikal nationalistischer Strömungen war der Alldeutsche Verband. Er entstand 1891, zunächst noch unter anderem Namen, aus Protest dagegen, dass Deutschland im Helgoland-Sansibar-Vertrag mit Großbritannien auf koloniale Ansprüche in Afrika verzichtete. Der Verband propagierte eine Ausdehnung des deutschen Kolonialreichs in Übersee. Seine Führer träumten außerdem von einer Vereinigung aller Gebiete, die von Deutschsprachigen besiedelt wurden, oder auch allen deutschen «Kulturbodens» in Europa. Auf dem Gebiet des Deutschen Reichs forderten die Alldeutschen eine radikale Bekämpfung von «Reichsfeinden» wie den Sozialdemokraten und «fremdvölkischen» Minderheiten, insbesondere der Polen. Die in Preußen betriebene Enteignung polnischer Grundbesitzer und das Verbot der polnischen Sprache in Schulen und öffentlichen Versammlungen ging ihnen noch nicht weit genug. In den Jahren vor dem Ersten Weltkrieg forderten sie stattdessen eine «ethnische Säuberung», was auf die Vertreibung der polnischen Minderheit hinauslief. Ihre Ideologie nahm in vielem die der Nationalsozialisten vorweg.

Während allerdings die NSDAP eine Massenorganisation war, wurde der Alldeutsche Verband das nie. Selbst zu seinen besten Zeiten hatte er nur 23 000 Mitglieder. Antisemitismus und eine Politik «ethnischer Säuberung» blieben in seinen Reihen vor 1914 zudem umstritten. Erst recht gilt das für andere nationale Vereine. Der mitgliederstärkste unter ihnen, der 1898 gegründete Flottenverein, vereinigte Anhänger aus verschiedensten Parteien. Abgesehen von Agitation für den Ausbau der Flotte enthielt er sich deshalb jeder politischen Stellungnahme.

Insgesamt zählten die nationalen Verbände, wenn man Doppelmitgliedschaften berücksichtigt, vor dem Ersten Weltkrieg gut eine halbe Million individuelle Mitglieder. Damit blieben ihre Mobilisierungserfolge hinter denen von SPD, Gewerkschaften, Bauernvereinen und selbst konfessionellen Verbänden zurück. Urteilt man nach den Ergebnissen der Reichstagswahlen, nahm die Attraktivität radikal nationalistischen Gedankenguts in der deutschen Bevölkerung während des Kaiserreichs sogar deutlich ab. Denn eine wachsende Mehrheit der Wähler entschied sich für Parteien wie die SPD, das Zentrum und die Linksliberalen. Diese waren zwar «national» oder wurden es, aber nicht radikal nationalistisch. Sie repräsentierten vielmehr, wie auch die millionenstarken Kriegervereine, gleichsam einen «Normal-Nationalismus».

Die Existenz einer radikal nationalistischen Minderheit in der Gesellschaft war vor dem Ersten Weltkrieg kein typisch deutsches Phänomen. Den Alldeutschen ähnliche Gruppen gab es in allen europäischen Großmächten. Selbst unter gänzlich anderen politischen Bedingungen wie in der parlamentarischen Monarchie Großbritannien oder der französischen Republik existierte eine vergleichbare radikalnationalistische Rechte.

Militarismus reichte weiter in die Mitte der Gesellschaft hinein, war aber im Deutschen Reich vor 1914 gleichermaßen nicht stärker ausgeprägt als im übrigen Europa. In Frankreich besaßen Uniformträger kein geringeres Ansehen, und Matrosenanzüge wurden von englischen Kindern eher noch häufiger getragen als von deutschen. Die Geschichte eines Schuhmachers, der 1906 als «Hauptmann von Köpenick» in Militäruniform die Obrigkeit eines Berliner Vororts narrte, lässt sich zwar als Beleg für deutsche Hörigkeit dem Militär gegenüber im Kaiserreich sehen. Diese Sicht baut freilich bereits auf Interpretationen in der zeitgenössischen Öffentlichkeit auf. Die Attraktivität solcher Deutungen belegt ebenso wie der Umstand, dass der «Hauptmann von Köpenick» schon vor 1914 immens populär war und geradezu als Held gefeiert wurde, auch die weite Verbreitung von Militarismuskritik im Kaiserreich. Das Nebeneinander von beidem, von Militarismus und zeitgenössischer Kritik daran, illustrierte am Vorabend des Ersten Weltkriegs ebenfalls die Zabern-Affäre.

Auch Rassismus stellte in der Zeit des Kaiserreichs keine deutsche Spezialität dar – sei es in Form von Antisemitismus oder als Hintergrund kolonialer Grausamkeiten. Bekanntestes Beispiel für Letztere war die mörderische Brutalität, mit der deutsche Militärs Aufständen im «Schutzgebiet» Südwestafrika, dem heutigen Namibia, begegneten. 1904 provozierten Interessenkonflikte mit weißen Siedlern dort eine Rebellion der einheimischen Herero. Der Chef des deutschen Generalstabs in Berlin sah in den Ereignissen einen «Rassenkampf», der nur durch «Vernichtung» der Aufständischen zu entscheiden sei. Aus Deutschland entsandte Truppen trieben die Herero einschließlich Frauen und Kindern in eine Wüste mit dem Ziel, sie dort umkommen zu lassen. Später richtete die deutsche Militärverwaltung Konzentrationslager für Afrikaner ein, in denen der Tod der Insassen bewusst in Kauf genommen wurde.

Diese Vorgänge sind deshalb vielfach als Völkermord bezeichnet worden. Parallelen zwischen der Kriegführung der deutschen Kolonialtruppen in Namibia während des Kaiserreichs und des nationalsozialistischen «Rassenkriegs» in Osteuropa während des Zweiten Weltkriegs sind offensichtlich. Um Kontinuitäten im Sinn von kausalen Zusammenhängen handelt es sich allerdings nicht. Weder die mörderische Praxis noch die dahinterstehende rassistische Motivlage waren Spezifika deutscher kolonialer Kriegführung. Beides war vielmehr in Afrika und Asien charakteristisch für die meisten Kolonialmächte, darunter auch solche, deren Kriegführung während des Zweiten Weltkriegs eine wesentlich andere war als die deutsche in Osteuropa.

Auch die Reaktionen im Kaiserreich auf die deutschen Gräueltaten in Namibia unterschieden sich von denen, die es während des Zweiten Weltkriegs im «Dritten Reich» auf die in Osteuropa verübten Massenverbrechen gab. An Letzteren waren Hunderttausende Deutsche als Täter oder Tathelfer beteiligt. Die übrige Bevölkerung sah meist bewusst weg und schwieg. In der Gesellschaft des Kaiserreichs erhob sich dagegen ein Sturm der Entrüstung, als das Verhalten der etwa 15 000 Mann starken Kolonialtruppen in «Deutsch-Südwest» bekannt wurde. Die öffentliche Kritik schlug so hohe Wellen, dass der Kaiser den verantwortlichen Kommandeur von seinem Posten enthob. Bei aller Parallelität der Tätermentalitäten: Differenzen hinsichtlich deren Verbreitung und gesellschaftlichen Akzeptanz sind nicht zu übersehen.

Ähnliches kann für den Antisemitismus gelten. Die NSDAP gewann als offen antisemitische Partei auf dem Höhepunkt ihres Erfolgs einen gewaltigen Massenanhang. Ihr bestes Ergebnis bei freien Wahlen erzielte sie bei den Reichstagswahlen im Sommer 1932: Damals wurde sie von knapp 14 Millionen Deutschen gewählt, das waren mehr als 37 Prozent der abgegebenen Stimmen. Im Kaiserreich blieben antisemitische Parteien dagegen ein politisches Randphänomen. Sie erhielten nie mehr als 300 000 Stimmen. Selbst in der Zeit ihrer größten Erfolge, während der 1890er Jahre, konnten sie weniger als vier Prozent der Wähler auf sich vereinigen. Nach der Jahrhundertwende war ihr Stimmanteil noch geringer.

Freilich ist denkbar, dass judenfeindliches Gedankengut sich vor dem Ersten Weltkrieg von Parteien abgelöst und in verschiedensten Milieus und Verbänden ausgebreitet hat. Einem ansteckenden Virus vergleichbar, wäre Antisemitismus dann in andere Organisationen vorgedrungen und hätte in dieser diffusen Form eine weitere Verbreitung gefunden. Tatsächlich sind judenfeindliche Einstellungen nachweisbar bei Vereinen wie dem Bund der Landwirte oder dem Deutschnationalen Handlungsgehilfenverband, einer Angestelltenorganisation. Diese scheinen auf den ersten Blick gesellschaftliche Kontinuitätslinien des Antisemitismus zu repräsentieren, die vom Kaiserreich ins «Dritte Reich» führen.

Bei genauerem Hinsehen ergibt sich aber zum einen die Frage, wie repräsentativ solche Organisationen waren. Von den organisierten Angestellten etwa gehörte die deutliche Mehrheit anderen Verbänden an als dem Deutschnationalen Handlungsgehilfenverband, der als Einziger judenfeindliche Positionen vertrat. Die Intensität, in der er das tat, nahm außerdem in den Jahren vor dem Ersten Weltkrieg ab – parallel zum Bedeutungsverlust der Antisemitenparteien.

Zum anderen ist das gelegentliche Anklingen solcher Positionen in Wirtschaftsverbänden, für die eine Vertretung der ökonomischen Interessen ihrer Mitglieder im Mittelpunkt stand, nicht das Gleiche wie die Konzentration einer politischen Partei auf die Agitation für eine Aufhebung jüdischer Gleichheit vor dem Gesetz. Diese Gleichheit sah nicht erst die Verfassung der Weimarer Republik, sondern bereits die des Kaiserreichs von 1871 vor. Klischees über Juden gab es zwar in nahezu allen deutschen Sozialmilieus vor dem Ersten Weltkrieg. Solche sozialkulturell verankerten Vorurteile gingen bei Sozialdemokratie, Liberalen und Zentrum – und damit in Parteimilieus, die vor 1914 fast vier Fünftel der deutschen Gesellschaft repräsentierten – aber mit politischem Anti-Antisemitismus einher.

Gewalt gegen Juden war im internationalen Vergleich vor dem Ersten Weltkrieg in Russland, Österreich-Ungarn oder Frankreich weiter verbreitet als in Deutschland, in Großbritannien und Italien weniger. Das Deutsche Reich lag von daher im europäischen Mittelfeld. Mit dem Ersten Weltkrieg änderte sich das merklich. Schon während des Krieges wurde den jüdischen Deutschen durch eine vom Armeekommando veranlasste «Judenzählung» unterstellt, sich vor dem Wehrdienst zu drücken.

Seit 1918 nahmen Häufigkeit und Brutalität von Gewaltakten gegen Juden merklich zu. Mit dem «Deutschvölkischen Schutz- und Trutzbund» entstand in den ersten Nachkriegsjahren eine erklärt antisemitische politische Organisation, deren Mitgliederzahl weit höher war als die all ihrer Vorläufer. Bei den Reichstagswahlen von 1924 schnitt eine antisemitische Listenverbindung unter Einschluss der NSDAP mit knapp zwei Millionen Stimmen bereits um ein Vielfaches besser ab, als es den antisemitischen Parteien während des Kaiserreichs jemals gelungen war.

1918 war es wesentlich wahrscheinlicher geworden, dass eine radikal nationalistische und antisemitische Partei wie die NSDAP in Deutschland einmal die politische Macht übernehmen würde. Vor 1914 war das dagegen noch ausgesprochen unwahrscheinlich. Kontinuitäten zwischen Kaiserreich und Nationalsozialismus hat es mit Blick auf radikalen Nationalismus, Rassismus und Antisemitismus zwar gegeben. Besonders ausgeprägt waren diese aber nicht. Der Eindruck von Diskontinuität überwiegt.

Anders verhält es sich im Bereich der politischen Mentalitäten. Das knappe halbe Jahrhundert zwischen Reichsgründung 1871 und Revolution von 1918 war die Zeit, in der die Deutschen politisch mündig wurden. Ein für die Verhältnisse der Zeit ausgesprochen demokratisches Wahlrecht zum nationalen Parlament ermöglichte zum ersten Mal allen erwachsenen Männern dauerhafte Teilnahme an Politik. Das Interesse daran nahm beständig zu. Die Beteiligung an Wahlen erreichte vor 1914 Höhen, die es in der Bundesrepublik Deutschland seit Jahrzehnten nicht mehr gegeben hat. Reichstagsdebatten erfreuten sich im Kaiserreich denkbar großer öffentlicher Aufmerksamkeit.

Das politische System des Kaiserreichs begünstigte allerdings eine Mentalität der politischen Verantwortungslosigkeit. Denn mit dem ausgesprochen demokratischen Wahlrecht zum nationalen Parlament korrespondierte eine ausgesprochen undemokratische Verfassungsstruktur. Die Macht des Reichstags blieb bei allen Veränderungen der Verfassungsrealität zu seinen

Gunsten seit 1871 doch begrenzt und einseitig negativ. Durch die Verweigerung des Budgets vermochte das Parlament als Ganzes Vorhaben der Exekutive vor allem Steine in den Weg zu legen. Die einzelnen Parteien konnten darüber hinaus durch Verhandlungen mit der Reichsleitung politische Geschäfte machen, indem sie von Fall zu Fall die Stimmen ihrer Abgeordneten gegen Zugeständnisse an die eigene Klientel eintauschten. Verantwortung übernehmen konnten – und mussten – sie aber nicht.

Im Lauf der Zeit arrangierten sich die meisten Parteien mit diesem System, das für sie manche Vorteile hatte. Denn es bot die Möglichkeit, Einfluss auszuüben und politisch mitzugestalten, ohne für die Resultate voll verantwortlich gemacht zu werden. Parteiführer, Aktivisten und Wähler gewöhnten sich an eine politische Praxis, die von Demagogie geprägt war. Im engeren Sinn demokratische Tugenden, wie die Bereitschaft zum Interessenausgleich durch Kompromiss, erlernten sie dagegen nicht. Die politischen Eliten kamen selten in die Verlegenheit, unpopuläre Entscheidungen gegenüber ihrer Klientel zu begründen. Und den Wählern wurde entsprechend selten zugemutet, Unvermeidliches zu akzeptieren oder selbst Verantwortung für ihr Gemeinwesen zu übernehmen. Eine verantwortungsvolle Zivilgesellschaft konnte so kaum entstehen.

1918 veränderte sich die Situation dann gleichsam über Nacht. Der demokratisch gewählte Reichstag wurde jetzt zum politischen Machtzentrum, die Regierung ihm verantwortlich, das Wahlvolk zum Souverän. Doch weder die Parteien noch die Bürger waren darauf vorbereitet. Es gelang ihnen nicht, die in einem halben Jahrhundert angeeignete Mentalität der politischen Verantwortungslosigkeit in wenigen Jahren zu überwinden. Das hat der Weimarer Republik, die bereits belastet war durch die Folgen des verlorenen Krieges, noch eine weitere Hypothek aufgebürdet. Wer nach kausalen Zusammenhängen zwischen der Entwicklung des Kaiserreichs und dem weiteren Verlauf der deutschen Geschichte sucht, wird sie vor allem hier finden.

Literaturhinweise

Bücher und Aufsätze über das Kaiserreich füllen ganze Bibliotheken. Bis heute ist über keine Epoche der deutschen Geschichte einschließlich des Nationalsozialismus mehr geschrieben worden. Ein Buch wie dieses wird der ungemein reichhaltigen Literatur zum Thema natürlich nie gerecht, muss manches ganz weglassen und kann vieles nur streifen.

Wer tiefer in den Dschungel von Veröffentlichungen eindringen will, um das Kaiserreich besser zu verstehen, ist am besten beraten, sich zuerst mit den *Kontroversen* zu beschäftigen, die hier allenfalls angedeutet werden konnten. Exzellente Begleiter auf einer solchen Reise sind: Ewald Frie, Das deutsche Kaiserreich (2. erweiterte Auflage 2013); Matthew Jefferies, Contesting the German Empire (2008); Hans-Peter Ullmann, Politik im Deutschen Kaiserreich 1871–1918 (1999); Matthew Jefferies (Hg.), The Ashgate Research Companion to Imperial Germany (2015); teilweise auch Sven Oliver Müller/Cornelius Torp (Hg.), Das Deutsche Kaiserreich in der Kontroverse (2009).

Unter den umfangreicheren *Gesamtdarstellungen* ragt heraus Thomas Nipperdey, Deutsche Geschichte 1866–1918 (2 Bände 1990–1992), der aus einer Vielzahl von Blickwinkeln ein farbiges Bild des Kaiserreichs zeichnet. Ebenfalls sehr anregend, aber deutlich düsterer und ärmer an Perspektiven ist Hans-Ulrich Wehler, Deutsche Gesellschaftsgeschichte 1848–1914 (1995).

Für Leser, die sich gerne über *Biographien* eine Epoche erschließen, eignen sich zum Beispiel Christopher Clark, Wilhelm II. Die Herrschaft des letzten deutschen Kaisers (2008); Christoph Nonn, Bismarck. Ein Preuße und sein Jahrhundert (2015); Brigitte Seebacher-Brandt, Bebel. Künder und Kärrner im Kaiserreich (1988).

Wer sich einem Thema lieber über die Lektüre von *Quellen* nähert, kann beginnen mit Rüdiger vom Bruch/Björn Hofmeister, Deutsche Geschichte in Quellen und Darstellung. Kaiserreich und Erster Weltkrieg 1871–1918 (2013). Zur vertieften Quellenarbeit eignen sich: Hans Fenske (Hg.), Im Bismarckschen Reich 1871–1890 (1978); Hans Fenske (Hg.), Unter Wilhelm II. (1982); Sozialgeschichtliches Arbeitsbuch II. Materialien zur Geschichte des Kaiserreiches 1870–1914 (1975); Wahlgeschichtliches Arbeitsbuch. Materialien zur Statistik des Kaiserreichs 1871–1918 (1980).

Ein guter Zugang ist auch die Geschichte der *Parteien*. Lesbare Darstellungen finden sich bei Bernd Faulenbach, Geschichte der SPD (2012); James Retallack, The German Right 1860–1920 (2006) sowie in den nach wie vor sehr lesenswerten Büchern von Wilfried Loth, Die Zentrumspartei in der Krise des Kaiserreichs (1984) und Dieter Langewiesche, Liberalismus in Deutschland (1988). In die aktuelle Forschung führen am besten ein die englischsprachigen Aufsätze von Eric Kurlander, Liberalism; Oded Heilbronner, Conservatism; Jeffrey Zalar, Political Catholicism; Stefan Berger/Stefan Braun, Socialism; alle in: Jefferies (Hg.), The Ashgate Research Companion to Imperial Germany (2015).

Aktuelle und lesbare Einführungen in die *Außenbeziehungen des Kaiserreichs* bieten Andreas Rose, Deutsche Außenpolitik in der Ära Bismarck 1862–1890 (2013); Andreas Rose, Die Außenpolitik des Wilhelminischen Kaiserreichs 1890–1918 (2013); Sebastian Conrad, Deutsche Kolonialgeschichte (2008); zu den Rückwirkungen im Innern Anregungen bei Sebastian Conrad (Hg.), Das Kaiserreich transnational. Deutschland in der Welt 1871–1914 (2004).

Exzellent zur *Vorgeschichte und Geschichte des Ersten Weltkriegs* sind Sean McMeekin, July 1914: Countdown to War (2013) und Michael Epkenhans, Der Erste Weltkrieg (2014).

Zu den spannenden Themen *Partikularismus und Nationalisierung*: Celia Applegate, A Nation of Provincials: The German Idea of Heimat (1990); Abigail Green, Fatherlands: State-building and Nationhood in 19th-century Germany (2001); Siegfried Weichlein, Nation und Region. Integrationsprozesse im Bismarckreich (2004); Mark Hewitson, Nationalism, in: Jefferies (Hg.), The Ashgate Research Companion to Imperial Germany (2015); Roger Chickering, Militarism and Radical Nationalism, in: James Retallack (Hg.), Imperial Germany 1871–1918 (2008).

Orientierung über *Religion und religiöse Gegensätze* im Kaiserreich geben Christopher Clark, Religion and confessional conflict, in: Retallack (Hg.), Imperial Germany 1871–1918 (2008); James Bjork, Religion, in: Jefferies (Hg.), The Ashgate Research Companion to Imperial Germany (2015); Christoph Nonn, Antisemitismus (2008); und als faszinierende Fallstudie: David Blackbourn, Marpingen (1993).

Zu *Zollpolitik und Stadt-Land-Gegensatz*: Cornelius Torp, Im Zangengriff der Globalisierung. Deutsche Handelspolitik vor 1914, in: Rainer Klump/Milos Vec (Hg.), Völkerrecht und Weltwirtschaft im 19. Jahrhundert (2012); Christoph Nonn, Die Entdeckung der Konsumenten im Kaiserreich, und Belinda Davis, Konsumgesellschaft und Politik im Ersten Weltkrieg, beide in: Heinz-Gerhard Haupt/Claudius Torp (Hg.), Die Konsumgesellschaft in Deutschland 1890–1990 (2009).

Überblicke zur besonders umfangreichen Literatur über *soziale Klassen und Klassengegensätze* bieten Dennis Sweeney, Class, in: Jefferies (Hg.), The Ashgate Research Companion to Imperial Germany (2015); Stephan Malinowski, Ihr liebster Feind. Die deutsche Sozialgeschichte und der preußische Adel, und Manfred Hettling, Eine anstrengende Affäre. Die Sozialgeschichte und das Bürgertum, beide in: Müller/Torp (Hg.), Das Deutsche Kaiserreich in der Kontroverse (2009).

In *soziale und ökonomische Entwicklungen* führen ein Steve Hochstadt,

Population: Demography and Mobility, in: Jefferies (Hg.), The Ashgate Research Companion to Imperial Germany (2015); Thomas Mergel, Das Kaiserreich als Migrationsgesellschaft, in: Müller/Torp (Hg.), Das Kaiserreich in der Kontroverse (2009); Volker Berghahn, Wirtschaft, in: derselbe, Das Kaiserreich 1871–1914 (2004).

Kulturhistorische Perspektiven im weiteren Sinne können durch einige wichtige neuere Einzelstudien erschlossen werden: Margaret Anderson, Lehrjahre der Demokratie. Wahlen und politische Kultur im Deutschen Kaiserreich (2009); Andreas Biefang, Die andere Seite der Macht. Reichstag und Öffentlichkeit im «System Bismarck» 1871–1890 (2009); Frank Bösch, Öffentliche Geheimnisse. Skandale, Politik und Medien in Deutschland und Großbritannien 1880–1914 (2009); Sandrine Kott, Sozialstaat und Gesellschaft. Das deutsche Kaiserreich in Europa (2014); Angelika Schaser, Die deutsche Frauenbewegung 1848–1933 (2006).

Ortsregister

Personenregister